● 好爸好妈分享系列 ●

妈妈范

陈学生 著

培养有出息的孩子很简单

请不要忽视： 大问题都是小问题积累而来
请不要泄气： 从来就没有教育不好的孩子

北 京

图书在版编目（CIP）数据

妈妈范：培养有出息的孩子很简单/陈学生著．
北京：中国经济出版社，2014.5
（好爸好妈分享系列）
ISBN 978-7-5136-2678-1

Ⅰ.①妈… Ⅱ.①陈… Ⅲ.①家庭教育 Ⅳ.①G78

中国版本图书馆CIP数据核字（2013）第160856号

责任编辑	夏军城
责任审读	贺　静
责任印制	马小宾
封面设计	任燕飞装帧设计工作室

出版发行	中国经济出版社
印 刷 者	三河市佳星印装有限公司
经 销 者	各地新华书店
开　　本	710mm×1000mm　1/16
印　　张	11
字　　数	147千字
版　　次	2014年5月第1版
印　　次	2014年5月第1次
书　　号	ISBN 978-7-5136-2678-1
定　　价	32.00元

中国经济出版社 网址 www.economyph.com 社址 北京市西城区百万庄北街3号 邮编 100037
本版图书如存在印装质量问题，请与本社发行中心联系调换（联系电话：010-68319116）

版权所有 盗版必究（举报电话：010-68359418　010-68319282）
国家版权局反盗版举报中心（举报电话：12390）　服务热线：010-68344225　88386794

前言

做家长的都想"望子成龙,盼女成凤"。那就谨记美国第一任总统华盛顿在国会制定1787年宪法时重复他父亲的话:"如果你帮助他得到他想要的,你就能得到你想要的。"

在亲子教育中我们应该遵从规律,才能科学育儿,避免进入误区,养成良好的习惯。

首先,遵从孩子身心发展规律,科学养育孩子。人的幼儿期很长,这一时期又是孩子身心发展的关键期。父母一定要尊重孩子身心发展规律,科学育儿。

其次,人出生后的环境千差万别,也就造就了孩子的不同性格。环境对孩子的影响是终身的,在他没有理解能力、思考能力的时候,环境对他的影响比其他因素要大得多。父母的首要职责是要给孩子提供一个良好的成长环境。

孩子是父母的影子。影子无形,成长有形,父母务必及时科学施教,否则会错失最佳引导时机。该书是我多年来为人母、为人师的体会和心得,依据孩子德智体美全面发展的要求来编排,分为游戏乾坤、德由心生、智在必得、美不胜收四个部分。希望和您共享育子心声。由于时间和水平有限,书中难免有遗漏和不当之处,敬请批评指正。最后,我要感谢陈学敏、高洪波、胡广成老师的建议和修改,陈学伶、陈兴周、刘芹老师的细心审校,没有他们的帮助和支持,我恐难完成此书。

游戏：潜能开发的前哨

在游戏中学习，在学习中游戏，是一种很适合孩子的教育方法。游戏不仅是启发孩子智力的前奏，而且可以发现孩子的天赋与潜能。

受益匪浅的拼图游戏——培养孩子动手能力／3

"飞猪"的故事——借力外号／7

操场上的"小老虎"——学会与人合作／10

一出家庭短剧——帮助孩子与文本交流／12

捉迷藏——只学习不玩耍，神童也变傻／20

一朵小红花——培养自信心／25

品格：安身立命的前提

幼儿期已经萌生道德感，孩子已经能够根据成人的教育，把别人的行为与自己的行为和道德准则进行比较，从而产生积极的或是消极的道德体验。

中华民族自古以来崇尚仁、义、礼、智、信。把它们作为健全人格、合法公民的衡量标准。那么把这些民族精神内核根植在孩子心田的先决条件是什么呢？说教是苍白的，落实到细节才会内化。

"小心眼"——树立宽容大度的胸怀／35

"丑小丫"的心愿——亲子教育中大爱无疆的成功案例／41

儿子，老爸是谁！——扭曲的权欲教育／43

金童——溺爱的单亲教育／53

11支2B铅笔——自私自利孩子的引导／57

饭卡——自尊是品德的基础 / 61

书桌里的打火机——帮助孩子杜绝恶习 / 70

梅杏儿——扭曲的人性教育 / 74

5353 路客车——"虚荣"教育的恶果 / 81

父亲的茶道——学会舍得 / 86

爷们儿——错误的男子汉标准教育 / 90

志不同，道亦不同——如何引领孩子交朋识友 / 99

巴掌只能胜局部——放弃家庭暴力 / 103

街头乞丐——善之有度 / 106

一个不能少——触动孩子心灵的集体观 / 108

智力：成就未来的保障

"智力中没有一样东西最初不是源于感觉。"人在婴儿期完全是用口来认识、感知这个陌生的世界。

所谓智力就是从感觉发展到概念。2岁以后，孩子调动身体的各器官去观察、感受，这一过程不断上升，慢慢体验就形成了经验。内在的潜力得到开发，智力自然就提高了。

心理学上，个性等于创造力，有个性的人对世界的感觉是独特的，思维状态也是独特的。因此，父母不要把孩子的感觉破坏掉，尽可能给他们提供安全的环境、机会及场所去感觉。

"背：记忆的强心剂"——掌握知识的方法比掌握知识更重要 / 113

家里的小木工——专注力的培养 / 116

用柠檬给自己降温——心里解压常识 / 119

拔苗助长——尊重孩子的成长规律 / 121

压岁钱——教孩子学会理财 / 124

带着窦娥去雅典——保护孩子的想象力 / 129

小狗会惭愧吗——抓住孩子学习的衔接期 / 134

拥抱太阳——教育理念面面观 / 136

幸福的时光——让学习成为信仰 / 139

美·劳：愉悦身心的阀门

"上帝为我们开启了心灵的窗户，我们用它来寻找美。"培养孩子寻找美、发现美、传播美的意识和能力，将会影响孩子的一生。

春之韵——撒播爱家乡的种子 / 147

杏林中的百灵鸟——你是土地的主人 / 150

秋之歌——恋上这方土地 / 153

熄火器——控制情绪塑造良好的性格 / 157

礼物——成长的环境是有生命的 / 160

小厨师——树立劳动美的意识 / 163

游戏:潜能开发的前哨

在游戏中学习,在学习中游戏,是一种很适合孩子的教育方法。游戏不仅是启发孩子智力的前奏,而且可以发现孩子的天赋与潜能。

受益匪浅的拼图游戏
——培养孩子动手能力

儿子有很多优点。当别人的孩子到了学校门口不是没带作业本,就是没戴红领巾,害得父母再回家去取的时候,我从来都不会因这而发愁。儿子不像我那样丢三落四。当我懊恼地发现,××东西没带的时候,他总会让我很惊讶地从包里把那件东西拿出来。这样的好习惯,源于他从小进行的拼图游戏。

孩子会走后,有一段特爱藏猫猫。那时候他藏猫猫有两个地方,一个是被子里。小孩子藏猫猫很有意思,典型的兔子凿洞——顾脑袋不顾屁股。当他把脑袋钻进被子里的时候,他会告诉我:"妈妈,找呗!"我就装看不见,那走走,这看看,然后再把被子掀开。掀开被子,你会发现,孩子的一双小手捂着自己的眼睛,还在嘀嘀笑呢。

玩了一会后,他有了重大发现。家里的衣柜有一扇玻璃门,他站在玻璃镜前,对镜子里面的小人发生了兴趣,他并不清楚里边的小人就是他自己。于是频繁地把衣柜门开了关,关了开,大人说也不管用。

说他几次不管用,我仔细观察他。发现,他只是好奇,而不是搞破坏。他对着镜子做鬼脸,镜子里的他也做鬼脸。他猛然开门,发现没有小人后,就把里边所有的衣物全都给扒出来,自己坐进去。

有一天,他去邻居家里玩,习惯性地打开人家的衣柜,扒出柜子里的衣服,我才意识到问题严重性。那时候孩子已经三岁了。

我决定转移孩子的兴趣。

小孩子的兴趣好转移。我买了一套小白兔、大公鸡、大萝卜的拼图游戏图片。有一段时间里我们都在一起进行拼图,边拼图边告诉孩子:"大公鸡的尾巴,把这尾巴毛扎在一起就能做成掸子,是掸尘土用的最好的东西。大萝卜要在白露撒下种子,然后,小绿苗钻出地面……"

四岁,给孩子买盖房子的积木,进行拼图。

我先告诉他:盖房子需要先备料,把材料进行分类。哪些当柱子,哪些用做房顶。最初的时候孩子搭建不出来就哭,捣毁没搭建成功的图形。但锲而不舍的追求是需要培养的,我总陪他一起玩。一段时间后,他自己能进行组装。孩子的想象力和创造力是我们想象不了的。这时候一定要表扬,再表扬,给孩子自信。

那天,去孩子的姥姥家。有一个小学生纸板中国地图拼图玩具被他发现。孩子姥姥对他说:"半天,我都没把这中国地图拼出来。"他听后,立刻就把纸板倒出来,趴在桌子上拼起来。不到一个小时就拼成了。

我看着他拼好的中国地图问他:"中国地图像什么小动物?"他立刻就能回答:"大公鸡!"

我告诉他:"鸡尾巴这块是世界最高的山峰,那里白雪皑皑。"再拿出公鸡头那部分。告诉他,"这是东北三省。"从中国地图的拼图游戏中,孩子很早就把中国地理的基础知识学到了。电视里提起大熊猫,东北虎,和猕猴的时候他立刻就能说出这些动物大约生存地方。每次玩后都要告诉他:"要收好,不能丢下一个,丢了一个,我们的大好河山就不完整了。"

五周后,进玩具店都他自己选择玩具,他选择的都是超难度的。因这,我们时常发生分歧。有一次他买了个复杂的变形金刚,一共120多个零部件,如果有一个小零件丢失就没办法再拼出来。

晚上,吃完饭,孩子就进了他自己的房间并插上房门。我知道这是为了证明他是有能力完整这项"浩大工程",以解除我们的疑虑。以前他都是在客厅,边看电视边和我们一起玩拼图,这次可不一样,他要独立完成。

从阳台的玻璃,我们看到他趴在床上仔细地对照图认识部件。一个小时没出来,两个小时没出来。我着急了,我建议我们一起拼图。孩子说:"快

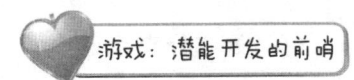

了,一会就成!"到了11点多,孩子才乐滋滋地拿着他的杰作走出房间。我看到他满头大汗。他拿着拼好的变形金刚在客厅里来回跑着。快乐,战胜困难后的喜悦流露在他的脸上。

因该拼图的部件比较多,他必须很好地把那些部件归整起来,一个不差地分类装好。最初我是他的老师,给他讲解各部位的名称。这时候已经演变成他来给我讲了。"这个小胳臂必须收好,没有它,就什么也干不了。这是胸部的外壳,如同人的衣服,不穿就露肚子。"这时候他父亲就会说:"你听听,跟你的口气一样。"

拼图游戏不但让孩子学会了生活中要把相同的东西进行分类,把复杂的小物件排列有序,还让他变得很有自信。我分明看到成长过程中那种不懈的追求精神根植在孩子的心田里。

也是五周岁那年。一次逛商场,孩子很快跑到卖玩具地方。当时那个售货员正在组装一辆玩具车。售货员看到我儿子专注地看她组装,就对她说:"小朋友,这个小汽车呀,阿姨已经组装十天了都没组装上。假如你能组装上的话,我就把他送你!"我儿子当真了。不走,非要组装。我担心孩子将来进商场就往玩具店跑,想拉他走,可他怎么也不走。那位售货员对我说:"你就满足他吧,让他试试。"

组装时候,我是不能参与的,于是我就跟那个售货员聊天。不一会儿,就听儿子说:"阿姨给您!"售货员惊讶得嘴巴张成O型,睁大眼睛说:"天呀,你怎么这么聪明,你仅仅用十分钟! 你要知道我可用了十天都没组装上!"

听到夸奖的儿子更是喜形于色,双手抱着那个大型组装跑车。那是一辆红色车,车身两翼有两条白色,黑色轱辘非常扎眼的玩具车。孩子望着售货员,我明白那眼神:"您说话要算数,这个就应该给我!"

售货员看出了那意思,但她真的是没想到儿子这么快能组装起来。摸摸他脑袋说:"虽然五十元,但阿姨说话算数,就算阿姨奖励你这聪明的小朋友了。"

儿子抱着玩具车,我们走了。就在我们转身走的时候。另一个售货员说了这么一句："真是偷鸡不成反蚀一把米。""咳，啥办法，老喽！"

她们对话，我听了很不是滋味。

下楼后，我和孩子到一层的肯德基里要了杯热牛奶。

从我内心来说，我是不想让孩子要这玩具，我在思考怎样跟他说。这是他应该得到的，这时候让他放弃如同把送进嘴的肉再掏出来。

片刻后，我说："那阿姨在这十天里也没卖出一辆玩具车。你信不？"

"怎么可能呢！"儿子还沉浸在快乐里，看着车回答。

"你想，她十天都没组装上这车，她组装这车的目的是什么，不就是摆在那里，让小朋友喜欢，然后再卖出去吗。"

儿子好奇地睁大眼看着我。我知道我说这句话起作用了。

"假如，你把车组装好，让他摆放在那里，会怎样呢？"

"阿姨一定很快乐，还得跟人家说，这是×××小朋友给组装成的。"儿子看着车，学着售货员的声音说。

"妈妈，假如阿姨要问我名字叫什么，我把这车还她，我不要！"

"那我们去试试？"

当售货员知道我们的来意后说："小朋友，你真是个小雷锋！你帮我大忙！你叫什么名字？"

下楼时，儿子问我"妈妈，雷锋是谁？"

"我告诉他，雷锋是一个助人为乐，做好事不留名跟你一样的小家伙！"

"也就是说我是雷锋？！"

现在孩子已经长大了，玩具箱里还留一些他拆了装装了拆的拼图游戏玩具。看着每一件，都引发我对过去幸福的回忆。这些拼图玩具培养了他的好习惯和好品德。

"飞猪"的故事
——借力外号

我从四年级开始像发面的馒头一样越长越胖！妈妈看着很着急,从各方面对我进行限制。比如不让我喝雪碧、可口可乐。更可气的是她不让我吃麦当劳、肯德基。看着小伙伴们谈论周末呀,假日里去吃是如何过瘾,我就恨妈妈！我暗地里骂她是"地主婆"！即使这样我的体重也没见减:上楼就气喘,跑步就大汗淋漓,同学给了我一个昵称:"肥猪王"。当我生气的时候他们就给我写出来是:飞猪王！看着同学们坏笑的样子就知道他们心里怎么想的。

当我跟妈妈说起这个外号的时候,妈妈还大笑着说:猪跑起来真得飞快！还对我说:"等到初三的时候让我成为真正的飞猪！"妈妈在心里安排了我的减肥计划。

妈妈不让我骑车,让我跑步或走路上学。我家离学校要过四个路口,大约有三里的路程。说心里话我十分的不愿意。结果就让同学陪我上下学。妈妈有个同学的孩子成了我的同学,于是我和他就成了好朋友。妈妈交给他一个任务让他监督我每天跑步上学放学。我的同学很心疼我,他一般是带着我的书包在后面监督我,我稍微松懈就提示我。我天生体质差,没出校门多远,就气喘如牛,挪不动半步。他就停下车来,对我说:"猪王,加油！"我听到这两个字浑身就有了力气。心想,我一定成为能飞的猪！于是我坚持继续跑。后来他看我实在跑不动了,就推着车跟我一起跑。看着身材矮小瘦弱的好朋友为了我这样,我非常感激他！

有一次他陪我一直跑到我家街口,才想起他已经过了他家,他足足陪我走了好几百米的冤枉路。那时候我下意识地看了看他：头发湿漉漉的、额头上的汗珠不住地往下流，沿着通红的脸流到了下巴，一滴一滴落在地上。单薄的T恤衫已被汗水浸湿了一大半。柔弱的身躯犹如风中摇曳的叶子摇摇欲坠，他也累得很！当我由衷地向他道歉时，他笑着说："谢什么？大家都是好朋友！我很想让你成为飞猪王的！"我知道他说的"肥"肯定是"飞"字！几年来我一直这样走着上下学。

二

我们小区有个乒乓球案子，暑假里妈妈每天早晨5:30就把我叫起来到下面去打球。说要是去晚了就不属于我们了。我们都不会打，妈妈只是小时候学过发球、接球。我们不停拣球、发球。后来邻居的哥哥和我打，渐渐妈妈不是我的对手了。当我打上隐的时候就想找高手过招，于是妈妈把我送到了乒乓球俱乐部。在那里有专门的教练教我们，每天是两个小时，学了一星期，妈妈再和我打的时候，我就让她找不到北了。看她东跑西颠的去拣球，跟猴子一样乱蹦就想乐。这样我们母子俩就像好朋友一样边玩边笑。我非常自豪终于超过了妈妈，她需要听我的了！在5年级一年时间里我的体重没增加。

到了6年级暑假妈妈开始陪我玩篮球。她拉着我到体育用品商店买了一个纯皮的篮球。我还想，妈妈平时很抠门，今天怎么这么舍得给我买这么昂贵的球？后来才知道她是为了让我对篮球产生兴趣。

每天我们吃完晚饭，休息30分钟后就骑车寻找篮球场地。我们小区有篮球场。可那里人很多，以高中生、大学生为主，还有三四十岁的成年人。开始妈妈陪着我，妈妈个子不高也不瘦，说心里话她要不是为了我肯定不参加这项运动。我们母子俩在篮球场就是那些打球赛的最大障碍，有时候他们就怒视我们，但有妈妈在身边我也不怕他们！后来觉得跟妈妈玩没意思，我就约几个小伙伴一起去打球，像大人一样分组。结果刚到那还没抢一个球他们就骂我们：小臭孩子，给我们滚远点！当我们回敬说就不走！猛然一个球就砸到我们身上，我们几个小伙伴，抱着球就跑！得！惹不起躲得起！

爸爸知道这事后他告诉我们一个好地方,那地方还真不错,没人轰我们,还有观众给我们鼓掌。你们肯定猜不到是什么地方?是老年公寓!在那里住着的都是老爷爷和老奶奶。他们的儿女工作忙,只能周末去看他们。在暑假,我们去的时候他们坐在垂柳下的木椅上看着我们打球。他们叫不上我们的名字就很形象地给我们起外号。比如说有的老爷爷叫:小胖子!传球!这小胖子就是我!"麻将杆"投篮,就指我的小伙伴于粮!后来我跟妈妈聊这些,妈妈让我们每次去的时候都要先问候他们,帮他们做一些小事。陪他们溜达会儿呀,给他们端杯水呀。我问为什么,妈妈说,老奶奶、爷爷们喜欢就不会轰我们!我觉得也有道理!有时候老奶奶、爷爷们特喜欢讲故事。可我们就怕他们讲故事,一讲起来就没完没了。因此我们都喜欢给他们拿点水果。他们边吃着水果边看着我们几个小朋友在那篮球场抢球乱叫。他们也眉开眼笑。时间长了跟老奶奶、爷爷们混出了感情,我们要是几天不去,他们就问我们:"这几天干什么去了?""×××为什么没来呀?"

　　暑假很快就过去了,打球只能在周末进行。到了初中课程也紧,每天要进行预习和复习,各学科作业都很多。这时候妈妈又想起一个办法:在客厅,垫一块椅垫,然后在那上面原点跑步。晚上学习一个小时后妈妈就打开电视,把音量调小,我们就在电视前,端着胳臂进行原地跑步。妈妈找的电视都是那些娱乐片,相声、小品为主。我们边看边跑。坚持30分钟,30分钟后就满头大汗,休息会儿再去冲澡。还别说这真是个好办法,大脑放松、全身心的放松。之前爱犯困,原地跑步后就不困了,学习效率也高了。

　　告诉你我就是这样进行减肥的,也长高了,没横向发展!于是就成了"飞猪"!呵呵。

操场上的"小老虎"
——学会与人合作

孩子到了喜欢找伙伴的年龄,意味他们的独立心理意识已经苏醒,家长不能错过这个机会。孩子和伙伴进行玩耍交往的过程中必然会出现矛盾,他们处理矛盾的过程就是学会处理人际关系和学会交往的过程。

一

楼下一群3岁到6岁的小男孩在玩足球,旁边是孩子的父母。孩子们模仿电视里的情景分成两队,选出守门、前锋、后位。看着像小老虎一样跳跃、奔跑的孩子,看着他们满脸汗水,父母们幸福地享受着孩子带来的乐趣。突然,最小的洋洋跑到他父亲面前说:"爸爸,这是我的球,可到现在我还一个球都没摸着。你跟他说,要他们把球球传给我,不许给别人!"他父亲犹豫了一会儿,终于走到孩子身边说:"嘿,这是我们的球,洋洋最小,你们让着他,都跟他玩!"孩子们并不因为他是大人就听,仍不管不顾的。于是洋洋的父亲有点生气了:"哎,你们怎么不听呀!怎么不知道爱护小弟弟!"孩子们停下来,但忽然一下散开,没人再玩。一会儿,后面的楼群传来孩子们快乐的叫嚷声。原来他们不再跟洋洋玩,转移到别处了。

现在洋洋已经是14岁的孩子了,在小伙伴玩耍中找不到他的踪影。他变得内向而自卑。他母亲经常跟我说:"这孩子就是怂包,家里能耐大,我们俩都得服从他!"殊不知,这种孤僻骄横的人格是父母不当的爱护酿成的。

二

楼下的体育教师张老师打电话让我到操场看看精彩的场面,我匆忙跑下楼。绿色塑胶操场的西北角一群人在围观六七个小孩摔跤。围观的人有

教师也有高中学生。

摔跤的孩子中最小的正是上一年级的儿子。

他们像一群小老虎一样同时进攻那个个子最高的高年级同学。显然，老师和同学被他们的场面吸引。

张老师对我说，已经结束一次了，这是第二轮"战斗"。

我们学校老师的孩子比较多，从一年级到六年级都有。小学放学早，他们就到学校找自己的父母。吸引孩子的是我们学校宽阔、铺着绿色塑胶的操场。草似的，毛茸茸的，脱掉鞋子在上面奔跑很是惬意。

孩子们到一起就玩游戏。高年级对低年级（高年级孩子少些）。三年级以下的孩子十多名，高年级的六七个。

张老师说："这群孩子就你们孩子小，但谁也没你们小子勇敢。那十几个小孩都败下阵，哭吧唧唧找妈去了！你们小子也被那个大孩子给撂倒了10多次。可他竟不哭，也不服输。泪水含在眼里还跟他们摔！我们怕你孩子吃亏，让你下来看看，别恼了，再打起来！"

我知道儿子的性格——倔强！这也是我从小教育他男子汉不能轻易认输、不依赖别人、自己的事情自己解决的结果。小时候因抢不到球哭着回家的时候，我强迫他下楼，让他自己跟小朋友去抢球，抢到了再回家。

"放心吧，没事！"我对张老师说。"我孩子是非分明，玩就不会恼！一定不要插手，让孩子独立解决矛盾和冲突。"

果然，一会工夫，儿子和那位大哥哥手拉着手，拿着外衣笑哈哈地向教学楼走来。

这件事后，儿子在我们学校有了外号："小老虎。"

现在学校的同事还问："你们家的小老虎成大小伙子了吧，好几年没看到他了。"是的，孩子四年级后基本就不去我们学校了，放学回家写作业，帮我准备晚饭的食材。

三

吵架、打架是男孩子的常事。怎样让孩子找到好的解决办法。

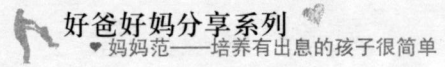

看下面对话：

儿子："今天我们班的两名同学展开了位子争夺战。一名是我的好朋友小K，另一名是老蔫。小K在前边，很劲往后挤老蔫，老蔫都哭了。双方要好的同学都打起来了。"

我："你向着你的好朋友了？"

儿子："没有，我同情老蔫，我的同学太过分了！大家都生活在一个集体里，干吗那么绝。"

我："你是班长，你怎么做的呀？"

儿子："我做得很不错。我们刚学了一篇叫《将相和》文章。我的好朋友有点像廉颇，骄傲自大；老蔫则类似蔺相如。我跟我的好朋友说，学廉颇吧，知错就改。结果我的好朋友对老蔫回头笑笑，把桌子向前拉了一下，这样就和好了他们。正直诚实不包庇，互相帮助齐奋进。"

孩子能判断谁对谁错，世界观基本上形成了。这样，我们就不用担心将来他会去打架斗殴。

一出家庭短剧

——帮助孩子与文本交流

一

刚上一年级的儿子总是坐不住，最多十分钟就左摇右晃，好像屁股下面有个针毯一样。我在客厅透过玻璃看着他，他也不时地回头看我。看着他的难受样，我走过去与他聊几句，顺便看看他写的作业。孩子比较粗心，字写得也不是很好。从他作业上看，听课肯定也不会认真。也难怪，儿子一岁

半就开始上幼儿园,上了将近6年多。幼儿园里的要求基本就是小手动起来,小嘴说出来,小胳臂扭起来。但到了小学就得坐直,手放在背后,眼看前方。我的天,简直不敢想,这样小的孩子那样坐40分钟,别说小孩,大人也不容易做到。想到此我做出决定:让儿子做10分钟作业休息5分钟。如果10分钟5道题错一道那就做15分钟再玩。儿子很高兴,主动请我给他看时间。

我的单位距离儿子的学校不是很远,我在没课的时候就跑到他的班级后门观察他。这一观察真得吓我一跳。他几乎就不听课:5分钟内一会儿翻书,一会儿把文具盒放到桌子里,一会儿把笔拿进拿出。他几乎不听老师在讲什么。其实,幼儿园向小学过渡很重要,需要我们引导。放学路上我们边走边聊:

我:"你说我们走5分钟就停下来玩一会行不?"

儿子:"不行,那得什么时候到家,那样下午的课都上不成了。"

我:"那听课的时候不注意听,干别的事情行不?"

儿子:"不行!"

我:"为什么不行?"

儿子:"听得不连贯那样不会做作业。"

我:"听课的时候手应该做什么?"

儿子沉默片刻后说应放在背后,可那样很累。

我:"那我给你出个办法,你可以双手放在课桌上,还可以一手拿笔。用耳朵听、眼睛看、用手写、用大脑记。耳朵、嘴、小手、大脑、眼睛是几个好朋友,他们需要齐心合作才能完成一个任务。"儿子觉得有道理答应照我说的试一下。

晚上我拿出半小时的时间给他读书,我读完后让他复述,训练他注意听的好习惯。后来,我放慢速度他觉得不过瘾了,我就买一些带拼音的故事书让他自己看。两个月后儿子成了班中的佼佼者,在听课方面再也不用我操心了。

语文老师普遍认为多写几遍必然就能记住,因此,写生字的遍数一般5

到10遍,并且要求家长给听写生字并签名。看着孩子写了10遍还错,觉得那时间花得真不值。假如错一个再5遍,那么孩子简直就跟机器一样在运动了,长此下去,孩子难免越来越呆。有一次他写"惭愧"这个词,把左边的偏旁写成了提手,我没有罚他抄写,只对他说:"你把我给你的好本子给弄丢了,觉得很对不起我,你是哪里觉得对不起?"儿子说:"是我心里呀。""既然心里觉得对不起就是惭愧,那么应该是什么偏旁?"儿子脱口而出:"竖心旁!"我夸奖他真聪明,并告诉他中国的字很有意思,它不但方方正正,像做人那样,同时也表达丰富的意思。只有理解了用得才恰当,才不写错。从那以后他写错字极少。为减轻负担我告诉他,先把生字读一遍录下来,然后自己放录音听写。儿子问:"您相信我?"我说当然相信。儿子很纳闷地继续问我:"为什么那么相信?难道就因为我是您儿子?"我对他说:"不是的,因为学习是自己的事,妈妈相信你不会自己骗自己。"

有一次我和儿子去爬山,路过一个叫季家沟的小山村。儿子很兴奋,大声说:"妈妈,我们到李家狗了!"车上的人哈哈大笑。有的摸着儿子的头说:小朋友真有意思,这地方是李家的狗。我把儿子搂进怀里告诉他:"儿子你出丑了,第一个字不念'李'念'季',另一个字不念'狗',念'沟'!"儿子听了,小脸立即变得红红的。他说:"我的妈呀,下次我可要好好学了,真寒碜。"我说:"你知道为什么'沟'是三点水吗?"儿子说:"是水冲的!""那再有本事的狗也弄不出一个大沟来,理解才不会出差错啊。"车到了山路,颠簸起来。有一个大他几岁的孩子说:"要坐急了!"车上的人再次发出愉快的笑声,儿子问我笑什么?我说:"他在念车上那几个字——要坐稳了!他把'稳'念'急'了。"儿子也笑了。这次经历对他触动很大,学习一下子认真了许多。

儿子上初中后,每天早出晚归。回家吃完饭就坐在写字台前写作业到9点半或10点半。没了看电视的时间,也没了到外边散步消遣的时间。看着忙忙碌碌的他我们很是心疼。但我知道必须这样,儿子面临的是一个竞争激烈的时代。

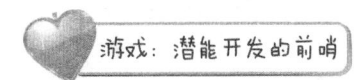

两个星期过去了,我想看一下孩子的学习情况。于是翻他的作业,这一看真让我浑身发颤:两本练习册(数学)只做了四页,而且很少做对。混合运算只写一个步骤然后就是结果,显然那结果是抄的答案。

面对这种状况我没有表现出很着急的样子,只是微笑地对他说:"学习累吗?""累。""是听课累?还是作业累?""都累。"我继续说:"你是否想过会白挨累?"他很惊讶。我说:"明天你把老师批改的作业拿回家,我想看看。"他回答说:"不用了,老师从来不看。"这回我惊讶了:"她留作业不看,怎么知道你们是否存在问题?"儿子的回答促使我想进一步了解他的情况:有抄作业的吗?下课同学讨论问题吗?

第二天我给儿子的老师打了电话,通过了解得知孩子说的话是属实的。老师让孩子自己对着后边的答案看一下,的确不判作业。她还告诉我学生讨论问题很积极,班级学习气氛很好。

第二天,吃完晚饭,我和孩子坐在书桌前,把他学过的内容一项项地复习。我让他先复述定义、法则。儿子的记忆力很好,都能准确地说出来。此后是做题。在做题的过程中出现了很多错误:符号不知道什么时候变;不知道在什么情况下通分。我问:"定义、法则背得那么熟练,为什么不会应用?"儿子说:"抄十遍还不会太笨吧。"我明白了,原来这些天他是在忙这些。我很茫然,光让抄定义不教孩子做题,这样的老师太……我只能选择耐心地辅导儿子。几天后儿子的脸上露出了笑容。他告诉我说今天的六道数学题就他会,其他同学都回答不出。儿子的话引起了我的沉思,怎么是这样呢。儿子的班是全区通过考试(是高中老师出的试卷)选拔上来的小学尖子生,按道理说不可能出现这样的结果。问题不在学生而在教师。这么优秀的学生,老师却没有根据学生的特点进行教学,还按传统的方法去背定义。这如同一个电脑让一个文盲来用一样,只能是资源浪费。

很显然孩子学会抄同学的作业也是老师的责任。老师留那么多作业,却不检查,孩子就难免抄答案、抄同学作业。老师上课不能教会孩子怎么去分析做题,耐心地讲解解题步骤,学生当然也就不会了。课堂下讨论问题看似热烈,学习氛围好,实际上是无效的讨论。

于是我找到了他们的老师,与他们的老师进行了沟通。他们老师通过测试发觉成绩不好,正找不到原因。听了我的意见,老师改变了原来的做法。

现在想来,作为家长,在发现问题出在孩子身上就要帮助孩子改正,在于老师就要与老师及时沟通,不能埋怨。埋怨是没有用的,因为老师在短时间内也未必了解学生的情况。只有家长和老师互相沟通才能培养孩子独立学习的好习惯。

四

晚饭时我们进行了一次谈话。

儿子:"伤心地对我说今天挨老师批评了。竟说我捣乱,但我根本没捣乱。"

我:"谁从小到大不挨家长和老师的批评,这是社会给予他们的权利。"(儿子点点头)

我:"因为什么不服气?说来让我听听。"

儿子:"您说'遇难'这词应该是什么意思?"

我:"我想不同的语境可能意思不一样。"

儿子:"您给我举例。"

我:"小巧在今年的海啸中遇难。这里遇难就是死了的意思。如果这样说'海啸中的遇难者大声呼救',就不同了。"

儿子:"对,就这句,到底是不是病句?"

我:"这怎么能是病句。遇难表示遇到困难、灾难的意思。"

儿子:"我今天上课是这样说的:熊熊大火中的遇难者大声呼喊。老师说我写的是病句。"

我:"老师是什么理由?"

儿子:"人死了还怎么喊?我跟老师争辩,老师说我钻牛角尖。语文学着真没意思。哪一天不用再学语文了我将举起双手祝贺。"(听到这句话我

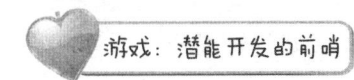

心里沉甸甸的。我自认为孩子的语文是值得骄傲的:演讲比赛、古诗词比赛的奖没少拿,怎么学习语文在他心目中是如此的不堪?)

我:"为什么?"

儿子:"语文就是写生字、组词、划分段落、总结中心思想,谁知道作者是什么用意。整天背诵,换篇文章就不会了,工夫不少花,效果却谈不上,简直在浪费时间。"

孩子的话道出了他学习语文课的现状。我很庆幸问题发现得很早。我要用最大的努力来帮助他增强学习语文的兴趣。

我:"我记得日本的小征泽尔说:不唯书,不唯师,只唯实。假如你们老师遇到大困境的时候肯定也会呼喊。因此,我认为你的判断是对的,这不是病句。老师说的未必就对。"

孩子在长大,自尊心很强,听到他的叹息,让我心里很不舒服。老师是权威,但权威首先是知识上的权威者。但是显然老师也未必理解"遇难"这词真正有几层意思。老师用社会给予他的权威来巩固其在学生心目中的地位,这对孩子的发展是相当不利的。

我:"多查资料、多询问就可以确定自己的判断的是否正确。只要有可靠的证据证明是正确的就要坚持下去。"儿子微笑地点点头。

周末儿子坐在那里看他喜欢的动画片——《奥特曼》。我们边看边聊。

我:"这动画片好在哪?"

儿子:"人妖大战! 激烈!"

我:"那我给你找点原声版动画片喜欢吗?"

儿子:"在哪? 喜欢!"

我:"我给你装到计算机里了。是英语的原声带。"

我的目的是借用他喜欢看动画的,同时提高他的英语听力。儿子高兴地打开计算机,去满足自己的兴趣去了。教育孩子就是顺着他的兴趣,进行有机的引导。这样既照顾了孩子玩的天性,又促进学习。学习成绩与学习兴趣原本就是统一的,我试图保持他对阅读课外书的兴趣。

又是一个周末我们边吃饭边聊天。

我:"读过《渔夫的故事》没有?"

儿子:"有,课本上就有。"

我:"喜欢吗?"

儿子:"不喜欢。"

我:"为什么? 你不觉得那渔夫像奥特曼! 能制服魔鬼?"

儿子:"(他歪着头看着我做思考状)还真有点。"

我:"你看这样好吗? 你当渔夫,我当魔鬼,咱俩较量怎样?"

儿子:(露出惊奇的目光)"好好好!"

我:"这样,你先做两个道具。"孩子很快吃完饭,连动画片都不看了。

儿子学过四年的绘画,现正在学漫画,因此这点小活计不到20分钟就完成了。他拿着做好的道具蹦蹦跳跳地来到客厅。他扮演的是渔夫。用我的一个白色大纱巾当蓑衣,戴着一个黑色长胡须、笑眯眯的老头面具。再看我的那副道具,魔鬼味十足。稻草一样的绿头发,火焰一样的红眉毛,黑色的三角形鼻子,锯齿一样的白牙齿,美女蛇一样的身材。他的想象力得到了充分的发挥。他还要我穿上前边长、后面短的魔鬼服。下面是表演简录:

儿子:手拿着个网兜当渔网,边走边自言自语:"老汉我每天撒四网。可今天前三网一个小鱼崽也没有,第四网再落空今天可就白忙了! 要不多撒一次? 不行,不能破坏规矩。好咧,就看这次了。哎呀,这么重! (他父亲拽住了网兜)肯定是大鱼,我发财了。"把网拉到岸边看。"不是鱼,是个很重的瓶子。(他手拿一个矿泉水瓶,做寻思状)这里面肯定是金币!"他得意地笑着说,"拿回家,与家人一同分享快乐! 不行,我先看看有多少,到街上给我那小儿子买点好吃的。"孩子演得很入境,他努力拧开瓶子的盖。(我知道我该出场了。我快速围他转了一圈)

我:嘿嘿地笑着说:"我终于出来了,所罗门你不要杀我!"

儿子(做惊恐状):"你! 你! 你! 你是谁,我不是所罗门。"

我:"我? 我是魔鬼,我今天要杀了你!"

儿子:(战战兢兢的样子)"为什么要杀我?我救了你呀!"

我:"好,我让你死得明白点,你听我说……"

儿子:(委屈、紧张地)"我是你的恩人,你不能杀我呀。"

我:"恩人?我才不做你们人类那样傻事。什么'滴水之恩涌泉相报',我报答你就是准许你选择个死法。"

儿子:"做人应该善良的!"

我:"嘿嘿,我是魔鬼!"

儿子:(在客厅里走来走去,手摸着道具上的胡子自言自语)"跟魔鬼是没什么道义可讲的!我是人,我有智慧,今天我非收拾你不可!(微笑地)你那么大的身子,这么小的瓶子,我才不相信你能进去呢?"

我:"你不信?真不信?"

儿子:"不亲眼看到我就不信!"

我:"好吧,我让你死得心服!"我又围着他转一圈,作魔鬼化作轻烟钻进瓶子状。

他迅速地把瓶子盖盖上。

儿子:(微笑着)"我终于把你这老妖怪忽悠进去了。"

客厅里传出愉快的笑声和鼓掌声。丈夫说道:"儿子,你演得真好,你妈妈也不错。"儿子问:"好在哪?"丈夫说:"渔夫的惊喜—害怕—紧张—自信,这个心理变化你演出来了。你妈妈把魔鬼的蛮横演出来了。"我对儿子说:"语文课上不仅有字词,还有很多有意思的内容。比如正义与邪恶。"儿子笑着说:"那下周我们还进行?我找文章,我做道具。"儿子能从中感受到语文课的美好与趣味,我们怎么能不愿意呢。

孩子的成长过程是一个不断认识世界,认识社会,增长知识,增长智慧,拥有是非判断力的过程。我们要改变传统的说教方式,而给孩子的成长提供一个适宜的家庭环境。

捉迷藏

——只学习不玩耍，神童也变傻

一

这几天我一下子苍老了许多。

儿子今年高三，班主任对他期望值很高，总认为他应该是年级夺魁之人。

这些日子，他们的考试一个接一个。

先是市里会考三天，区里再考三天，接着各区试卷继续考。孩子成绩每况愈下，提早进入令人担心的高三"高原反应"。

我开始被他们班主任找，两天一个电话。"没完成作业，下课和同学玩闹，不抓紧时间。"让我晚上看着他务必写作业，并负责检查。问题是，孩子每天晚上都到十一点多，早晨五点半又起来，让我看什么呢？

"今天布置的作业他竟然没做，您说怎么办吧？"电话那头，老师气急败坏，电话的声波刺得我耳朵嗡嗡响。

"您说怎么办？"

"您是家长，您说！"

"罚他，不让回家！"

"那是您看着还是我看着？"

我停歇了片刻，"我看着吧！您怪累的！要不回家我看着？就别到学校去看了。"我小心试探着说。

听着老师的电话，我心里急，看到孩子的表情我更急——担心成为应试

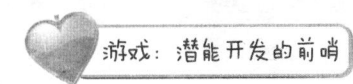

教育下的牺牲品——问题学生(身体和心理)。我告诫自己:坚守着阵地——宁可我"疯"也不能让孩子"疯"。可我还不能让孩子看出我急。

孩子上学走了,我骑车各处乱转、游荡排遣我内心的焦虑。

孩子回来,我没提老师的电话,我也没看他的作业。孩子的目光告诉我,老师没给他好果子吃。

我把诗句"拿来"作为礼物夹在他的书里送给了孩子:像个男人——气魄、度量。告诉他妈妈不想给他增加负担,妈妈非常理解他。他就是妈妈生存下去的力量。哪怕倒下一千次,也要站起,以最小的支点——支撑。

二

就在今天上午9点,我正在学校处理学生的作业。

电话响了,那时候,办公室只有我自己。我顺手抓起电话,孩子的班主任告诉我:他还没到学校。听到这消息,我感觉自己似乎没站稳。我的第一反应是:他上学路上出事了!否则他不会不去上学。

我冷静下来后,安慰班主任:不要着急,我一会打电话给他。

他的手机要打爆,家里的电话也要打破,没人接。我急呀,恨不能像超人那样,立刻回到家看个究竟。

我冷静下来,收拾东西,出校门,租了车,急忙朝家里赶去。那时,真是晕了头,竟然都忘了让孩子父亲把车开过来。一路我总在想,想各种不安全的隐患。落地灯的电源不会出现问题吧;难道自己用燃气,把锅烧干引起……我越想越后怕。那时候,真恨自己没有长一对翅膀。

我不停催促司机:"快点!快点!"

在车上,我的手机响了,是他们班主任。她告诉我就在昨天他们去参观科技馆(五月初,社会大课堂)。而作为高三学生,让人万万没想到竟然在那里藏猫儿!高三了,不好好看科技成果,还玩小孩子游戏藏猫猫!?让人难以理解。

班主任还在喋喋不休地说着,我的思绪早跑远了。

班主任跟我说起这事情的时候虽然听起来很平和,但我猜测得到,当时的他一定很生气,也很担心。担心是不是因为他的批评导致孩子逃学。

难道就因为这孩子不想上学?我想不是的,他不会这样处理这个问题。即使是因为这,也算不了什么大事呀,捉迷藏有什么呢。只有痛快淋漓地玩,才能静下心来学!才有效率,不会玩的孩子怎么会学呢?

这时候我想起高一寒假他上学临走前的那一幕。

孩子考进市重点高中后,由于多种因素,学习成绩下滑,已经排名在后边。

我还唠唠叨叨地批评他,"不听妈妈的话,不抓紧时间"。他坐在沙发上沉默不语。

听不到他的辩驳,我抬头看,发现他流泪了。我慌了手脚,多少年了,他不曾在我面前哭泣。

"想跟妈妈说什么呢?"

"您说,你和我爸是我长这么大最亲的人。你们总说我不听话,可我不听你们的话还能听谁的话呢?到了市里的学校,我用你们告诉我的办法去学习,去与同学相处,但根本不是那么回事。中午十一点五十才下课,下午一点一刻又上课了,您知道我中午一直午休。可是他们没有睡觉的习惯,中午老师找学生,几乎吃完饭还得去学习。下午第一节课我真的非常难受,我的生物钟告诉我必须休息会,结果老师批评了,惩罚我了,认为我跟老师对着干,找到您。您虽然没说过我,但我非常清楚,您对我不满。您说怎么办。我真困呀,9年的习惯让我一下改掉怎么可能!"

"再说,我是班长,可市区里的孩子根本就看不上我这远来的班长,我需要跟他们拉近距离。班级的各项活动没有同学的支持怎么能开展。从咱们区考到我们学校的几个人已经回来三个了,他们不适应。"

"那么你呢?"

"我不会回来的,在哪里跌倒,就在哪里爬起。请您给我一段时间,我会摸索出适合我的学法。"

"是的,妈妈相信你,一定能爬起来。"多么懂事的孩子,他真的大了。我

心想。

班主任电话里都说了什么我无从听清,只记得让我好好说说你。

我在想,孩子,看到你,我说你什么呢。虽然你已经是个一米七多的小伙子,但是你的心理还是个孩子。上次我回家,你还把头扎在妈妈的怀里,撒娇呢。也难怪,你同学,每天都有自己的父母呵护,吃着可口的四菜一汤。而你,自从考到市重点读高中后,三年我和你在一起半年时间都不到。你是那么懂事,知道妈妈教高三毕业班,需要补课,每个月只能保证回家看你一次。每天自己做饭,无论刮风下雨都骑车上学,已经很不容易了。

上次我们聊天,提起我们这房子能卖一百多万时,你说:"妈妈,这房不能卖,我跟他混出感情了。三年来,我每天面对的是这房子的每样东西。没人和我说话,只能跟它说话。"当时我转过身,我害怕我的眼泪流出来。我只能在心里说:孩子,妈妈对不起你,我不能每天照顾你!过早地把你推上社会,让你独自面对成长中遇到的困惑。

老师最后一句我记住了:好好说说他,真该抓紧时间了。

这时,我想起让他哥哥先到家去看看。但我想到他没我家的钥匙。想到钥匙,我一摸口袋,发现我也没带。这时候出租车已经跑出了50里。我立刻叫司机掉头,我还得回学校,因为忘记带钥匙。孩子,你不曾知道那时候妈妈是多么着急,我想白发肯定多出几根。快到学校的时候,你发来短信,告诉我自行车坏路上了,上学晚了,手机没钱了。看到短信,我长长叹了口气。

晚上我们开始聊天。

"藏猫猫痛快吧,科技馆那么大地方,天皇老子都未必找得到!"

"老师跟您告状了?"

"说说而已,担心你们呢。"

孩子不相信老师没说,"这么大人没啥担心的。"

"要不这星期我也上来,周末想跟你玩碰碰车去呢"。

儿子瞪大眼睛,"真的假的?"

"真的。周日上午,我们陶然亭公园游乐场,碰碰车。"

儿子欢呼起来,亲了我一下,"真是我的好妈妈。"

"我们玩两个小时。"

到了周末上午,儿子又心疼了,"这大好时光还去吗?,下午去好不好?"

"可以,我买菜给你改善生活。"我巴不得他说这话。

三点我们到了公园,一人要了一辆碰碰车。下午人少,我们四处乱撞,乱碰。咣当咣当的声音响彻公园,游乐场里传出我们的笑声。周边的树叶似乎都被我们的笑声感染,不停摇曳。我们玩得满头大汗。还没到 2 个小时,儿子说:"妈妈可以了,一周玩两次了,毕竟该高考了。"

我心里乐呀,就盼着他说这话呢。

从游乐场出来,我们去了麦当劳。找了个僻静的地方,要了一杯热奶,聊天。

"该二模了,怎样,有信心吗?"

"没信心,知识太多了,感觉弄不过来;头疼,夜间睡不着觉,人家成绩那么高。"

"你比他们更优秀!"

"得了吧!"

"你是百里挑一,说百里挑一都不对。你看初中你们将近 4 千多人,才二百多个考到市重点学校,而你又在前 50 名。这叫什么概念,几乎要达到千里挑一了。因此我从不为你没书念着急。"

儿子听了,立刻兴奋起来。"对呀,不是千里挑一也差不多了,我怕什么?"

"每个人都有自己的个性,人比人是最没意义的。按自己思路走,该干什么干什么。老师的话要谦虚地听,不要顶撞老师。老师要面对的是班级,这阶段班级稳定很重要。"

儿子高兴地笑了,"我还以为您得批评我呢,呵呵。"

……

高三。差一个月就高考了,玩藏猫?这听起来的确让老师和家长接受不了,而且是在中国科技博物馆。在我们想来,多少东西可看呀。可对于他们来说,并不喜欢!一半学生在他的带动下藏猫猫。班主任觉得给丢了脸,学校也觉得不可思议。

孩子想得特简单:不就是让我们放松吗,学习已经够累的了,还跑这里动脑子?怎么快乐怎么玩呗。的确,高考也不能不让孩子玩会吧。

如果家长像老师一样再批评他,不但解决不了问题,反而激化矛盾。很多家长跟老师诉苦,孩子不让说,一说就把门一关,不理了。

家长和孩子需要心灵沟通。和他一起玩碰碰车融洽了我和孩子之间的关系,既避免了潜在的冲突,也知道了孩子怎么想的。

一朵小红花

——培养自信心

一

儿子说话、走路都比较早。

10个月就能说出四个字,周岁生日的时候已经在地上跑得很好了。

从此我开始枕边给他讲故事,一直进行到孩子上小学,在这几年里孩子基本在听觉阅读中睡去。父母一定要担负起孩子早期阅读的重任。这一时期是人生中最重要的智力开发期。

我开始编故事,编不出来时就给他念各类书。

什么内容都有,自然科普类、社会哲学类,寓言故事类。

在这些书中,我最喜欢的一本故事书《故事口袋》。基本全是动物之间斗智斗勇的故事。

我干家务或者备课时,就给孩子放故事录音带。经常听的是鞠萍姐姐讲故事。鞠萍富有磁性的声音,紧紧抓住了孩子的心。他边听边问各类问题,我不厌其烦地一一解答。

儿子18个月我们托人送到了幼儿园,与那些三周的孩子一起上小班。孩子上了幼儿园我也轻松下来,很少再关注他的情绪变化。

三个月后,发现儿子时常叹气——唉!那沉沉的叹气声像块石头压在我心口。这么小,怎么会叹气?

我们工作都很忙,回家晚,很少能正点把孩子从幼儿园接回来。老师一般把他放在值班室,或者他在幼儿园大门口等我。我决定按时接他,看看因为什么。

"今天妈妈要去你们教室接你哟!"

儿子蹦跳着拍着小手。"真的吗?妈妈,我会在教室里等你。"

我向其他家长一样,在教室外排队,等孩子走出来。

一位很年轻的女老师站在教室门口,手里拿着一大把小红花。我向教室里望望儿子,他看到我了,对我点头微笑,我也给他抛了一个飞吻。

放学回家,看到父母,小娃娃们似乎都不会走路了,蹦蹦跳跳就扑进父母的怀里。连老师发的小红花都没拿住。

儿子出来了,他并不像其他孩子那样,快速扑向我。他走得很慢,边走边挥动小手说:"老师再见!"他的眼睛并没有看老师或者看我,而是一直盯着老师手里的小红花。

我明白了孩子的意思,我想老师肯定也会发他一朵小红花,每人一朵。就在我和儿子都觉得老师该给他小红花的时候,我听到老师从鼻孔里发出一声:"哼!"算是回答儿子对她说的再见。我的心咯噔一下。我多么希望老师说明天你一定会得到一朵小红花。我把目光转向老师。我发现老师看孩子的目光,她的目光像一把锋利的刀,这刺痛我的心。我的心在滴血,真得毫不夸张。那目光让我听到一种声音:你这讨厌的孩子,也配得到红花吗?失望流露在孩子的脸上。

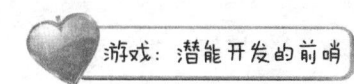

我抱起儿子,亲吻他,可他却发出长长的一声叹气:"唉!"

这声叹息让我的心酸酸的,眼泪流出来。儿子擦着我的泪说:"妈妈怎么哭了?你告诉我,男人不哭,女人可以哭吗?"

"我看到你高兴的呀!这是高兴的泪呢。"

跟其他孩子的家长一起走出幼儿园,我问儿子的同学:"你得几个小红花了?"

"每天都发。他,老师昨天罚他去别的班前边站着,还不让他吃饭!"那女孩子指着我儿子说。

我的血液涌上头顶,一个趔趄,险些栽倒。儿子小声说:"我没有!"我回头摸摸儿子头说:"我们聪明呢,早晚小红花会得到!"

我承认奖励是赏识教育法最重要的手段,但在群体教育中其直接的对立面是不受重视。

我心疼我的孩子了。他与同班其他小朋友相差一年半,怎么可能比其他小朋友做得又快又好呢。这样下去,孩子的身心都将受到伤害。如果形成自卑心,会变得麻木,变得迟钝,孩子就毁了。

孩子还小,对自己的看法完全取决于周围人的评价。他一星期六天在幼儿园,老师和小朋友的一句话或者一个眼神都将对其产生深远的影响。我不能再图省心,把他扔在幼儿园觉得有人看着就行。世界上没有天生的笨蛋。

路上,我问儿子,"今天老师让你做什么了?"

"让我们捡七片相同的树叶,谁捡得快和对,就给谁小红花。"

幼儿园里有高大的梧桐,加拿大杨垂柳。秋天可不是满地的叶子吗?老师就地取材,方法真不错。

"你没捡对吧?"

"不是,是我没捡够,我不知道七个是多少。"

孩子这么小,还没有抽象的数的概念。

到家了,我拿出他父亲获奖奖品上的一大朵红花。孩子非常惊奇,"妈妈！这花真大,可以给我吗?"

"当然,但是咱俩先做游戏玩。"

我从阳台上的粮食柜里抓出黄豆、大米、黑豆、红豆放在茶几上搅拌成一堆,然后在分成相等的两份。对他说:"咱看谁把它们四个分开,黄豆一堆,大米一堆、黑豆一堆、红豆一堆,谁先完成就给谁红花。"

"真的吗?"儿子很兴奋,坐在茶几前的小椅子上开始干活。

我看着儿子的表情:白皙的皮肤,黑葡萄般的大眼睛,大大的耳朵,多可爱的孩子。我没忍住,拽一下他的耳朵。

"别闹,妈妈,你也没干完呢。"他很认真。

一会我们相互检查。

"妈妈,你的不干净,还有两粒大米在黄豆里呢。"

我假装不知道,喔了一声说:"真是的,我这么大人还没你拣得干净。它也真会隐藏呢。看你多棒,妈妈都不如你呢。"我又在他的脸上亲了一下,"好,今天红花给你了!"

孩子边跳边说:"喔喔,我也得到大红花了,这花比我们老师发的大好多呢。"

"就是,来,妈妈给戴在胸前。"

整个晚上,孩子都沉浸在得到红花的幸福里。看着活泼的儿子我下决心让他从叹息声里走出来。

第二天把他接回家,我对他说,"如果今天晚上你给我讲个故事,我再奖励一个大红花。"这是他的长项,一定没问题。

果然,孩子给我讲了一个仙鹤与孩子的故事,孩子的想象力超乎我们的想象。

"在一个茂密的森林里住着一对夫妻,他们都已经四十多岁了还没孩子。

有天,他老婆突然晕倒了。丈夫抱着妻子往城里跑,找了一位好大夫。丈夫看了看说,你妻子怀孕了,丈夫听了很高兴。几个月后,妻子生下白白

胖胖的孩子。

回家后,他们把森林里奇珍异宝找来给孩子吃,还从城里买来很多玩具、新衣服,还让他跟动物玩耍。可是这样的好日子没几天,家里来了强盗给洗劫一空。当时,孩子在一个篮子里睡觉,上面盖着布,强盗以为是宝贝。当看到是孩子的时候,顺手一扔,就走了。

孩子摔疼了,开始哭。哭声越来越大,引来了仙鹤,仙鹤把孩子衔到了人间仙境。那里有山,有水,有森林,有平原。仙鹤给孩子衔来吃的,和孩子玩耍,还教他本领。

十年后,孩子能听懂仙鹤的语言,懂得很多珍贵药材,能治疗多种疑难杂症。

有天,趁仙鹤不在,他来到一个城市。看到别的小孩子都有父母领着,而自己没有父母,很伤心。

回到仙境,问仙鹤,自己父母是谁?仙鹤知道,孩子长大了,留不住他了。于是它就把孩子带到了父母身边。

到了家里,孩子知道母亲由于伤心过度已经去世了。父亲也老态龙钟了。"孩子利用自己知识,讲了一个精彩的故事。

我奖励了他一朵红花。

一段时间里,我们通过各种方式培养孩子的自信心。

的确,世界上本无天生的笨蛋。只是人们习惯戴着有色眼镜,用自己的评价方式来评判着他人。不成想,不恰当的一个眼神或一句话对他人带来的伤害,尤其是孩子。当孩子产生自卑心理时,要让孩子相信自己在某一方面很出色。每个人至少有7种基本智能。或许是数学逻辑,或许是音乐、语言甚至是身体的动觉。家长要深入挖掘孩子的潜力,让他引以为荣。

二

孩子上三年级开始写作文了,提起写作文令很多家长老师头疼。

周末,我跟孩子说,咱俩玩个游戏吧。

我从瓶子里倒出很多黄豆到餐桌上。

"您要干啥?"

我递给他一双筷子,我自己也拿一双筷子,又准备两个小碗。说,"现在咱们用筷子把黄豆夹进碗里,10分钟后,看谁弄得多。"

儿子很惊奇,啊!他很兴奋。

"注意十分钟时间!"

我们开始了。要知道筷子的头是圆的,黄豆也是圆的,可不是好夹的,必须全身关注。儿子使筷子很别扭,一般都是向胸前伸,可他是先向后,左撇子一样,但还不是左撇子。

"妈妈,不好夹。"

"别说话,专心!"

我看着表!

"停!"

结果他才夹了八个,我是他的二倍

"儿子说不行,我是第一次跟黄豆打交道。再来,熟悉了就行了。"

我说:"也好,你看看我一次弄几个?"

他是一个个的夹,生黄豆才不让他夹住呢,来回骨碌。我是用两根筷子并拢,那样一次有时候上来两。

儿子说"妈妈好坏哟!"

我拍他的脑袋,动脑你会弄得比我多呢。

玩了三次后我拿出纸对他说:"写出在什么地点,你和谁做什么了,怎么做的,做的时候有什么感想,结果怎样。"

儿子开始写,写完又通了一次,然后让我看。

"妈妈,我写了好多字,今天我怎么写这么多字呀?每次写作文都跟挤牙膏一样。"

我看完,夸奖了他。告诉他,抄写在作文本上,这就是作文,星期一交给老师。

他很吃惊,"作文就这样写呀?这简单?"

"看你多棒!"我念了他文中精彩的句子:"我把黄豆当成金块,我想,夹到碗里,金块就是我的了。想到是金块我既高兴又紧张……"

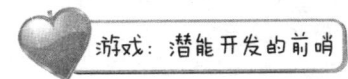

作文首先要言之有物,不能瞎编。亲身体会或者自己去观察,这样写出的文章就是好文章。

实际上任何东西都可以让孩子描述。

比如:韩国小腰鼓。

孩子父亲去韩国给他捎回一个韩国小腰鼓。孩子这样描述:

腰鼓很小,三寸长,浑身是圆的。两侧是圆形的白色木板,木板中间像个圆形的漏斗,木板中间部位有个红绳穿过,木板中间用红黄蓝三色搭配编成。这三种色彩很是亮丽,我在想怎么不用绿色搭配呢,红配绿呀。我试着换绿色的确没这色调好,不俗气。

……

孩子很有规律地介绍了各部位,将近800字。

作文课上,老师多次表扬孩子写的作文。从此孩子再也不发愁写作文了,还养成写日记的习惯,每篇日记都是精彩的小文章。

不是聪明的孩子需要夸奖而是夸奖使孩子更聪明。尤其是受到父母的夸奖,孩子会更加努力。我们要在适当的场合,创造适当的机会,调动孩子的积极性,唤起孩子的自信。

品格:安身立命的前提

　　幼儿期已经萌生道德感,孩子已经能够根据成人的教育,把别人的行为与自己的行为和道德准则进行比较,从而产生积极的或是消极的道德体验。

　　中华民族自古以来崇尚仁、义、礼、智、信。把它们作为健全人格、合法公民的衡量标准。那么把这些民族精神内核根植在孩子心田的先决条件是什么呢?说教是苍白的,落实到细节才会内化。

"小心眼"
——树立宽容大度的胸怀

一

那年,生产队年终结算,母亲拿回家30元钱。我们兄妹双手像捧着鸡蛋,小心翼翼地审视着它,从没见过这么大的票子!我分明看到了年夜肉馅饺子;看到了姐姐背着书包上学了(她的同龄早在三年前就上学了)!从我记事起,十多年了,过年就没有不借钱的时候。

每个成员都看完,母亲将钱里三层外三层地包裹好,收拾起来。为了避免丢失,母亲把钱藏在我和姐姐们都不知道的地方。晚上全家人,还有一位住在我家姨姐,围着火盆,合计着过小年后要买的年货。

几天后,报名上学,当母亲拿钱交学费时,发现钱无影无踪!母亲的嘴一会儿功夫就起了燎泡。不停唠叨:"见鬼了,我就放这了!难道让老鼠拉走了!"她找呀找呀,就差掘地三尺!猛然,母亲想起,放钱的时候她的外甥女在边上站着。母亲说:"难道是她?"我们都说不可能,她偷谁的不至于偷姨妈的!

唉,所有希望又泡汤了!

腊月二十七,舅妈告诉母亲,姨妈家的姨姐捡到30元钱,估计是从我们家拿走的。母亲立刻赶往姨妈家,问及姨姐,姨姐只说:"我想买衣服。"想让姨妈做姨姐工作,姨妈说,那钱是她女儿捡到的。没办法,母亲哭着回家,发誓与姨妈家断绝一切关系。父亲拍着母亲的肩膀说:"别小心眼了,你自己亲姐姐,谁花不是花!"

又是一年,年终我们分到了百元钱。新衣、新棉被;磨豆腐、蒸饽饽,那年货能吃到正月十五。父亲命令我和姐姐给姨妈家送一笼子年货。当我们死活不去的时候，父亲吼道："瞧你们，个个小心眼！！她家要有，会不给我们呀！"

这话是说给母亲和我们兄妹听的，即使有一百个不满意，也只能服从。到了姨妈家，我看到姨妈抹眼泪。

二

1980年，父亲平反了！

当工作队问父亲："您有哪些要求？"

父亲说："这么大年纪（刚五十岁）教不了书了，我唯一的愿望就是准许我们回老家，当地的政府能答应我们。"

几天后，我们全家离开了我的第一故乡，父亲很落魄地回到了他的老家当了一名农民。

我的第一故乡，村庄不是很大，但有两大姓。这两姓就是两大宗族势力，他们时而为权利不停地角逐。每次争夺，我们这"外来户"都是牺牲品。我们给两个最坏的人起了外号：姓王的叫"挨千刀"，姓刘叫"下油锅"。

回到老家第二年的夏天，母亲匆匆忙忙地对我们说："快收拾一下，一会儿，你爸说要领来很重要的客人。"我们立刻分工合作，把家打扫得窗明几净，然后又帮母亲下厨房，准备了只有过年才吃到的丰盛饭菜。

不一会儿，大门外听到父亲和别人说话："你们应该到北京大医院去看。我这配方不定管事呢，先应急。"我们高兴地从屋里迎出来，可是，当看到那些人时，鼻子都差点气歪！原来父亲所说的客人竟然是"挨千刀"和他的两个儿子，一个哑巴孙子。父亲还搀着"挨千刀"。"挨千刀"拄着拐棍，眼睛用纱布包裹着。他的两个儿子一个拿包，一个推车。姐姐先是拽下护袖，扔给母亲，后大声地说："有病吧你们！"二姐也大声嚷道："就当喂狗了！"在姐姐的带动下，我们都跑了。只有哥哥被父亲喝住："你给我站住！这是我们的客人！小心眼！""小心眼"几个字回荡在我脑海里很久。

我忍不住好菜好饭对我的诱惑，也许姐姐们也忍不住。过了一会儿，姐

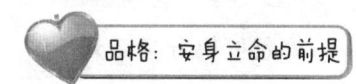

姐让我先回家看看他们吃完没有。

他们在喝酒。我看到那个"挨千刀"用勺子吃饭。母亲和父亲不停地给他夹菜。看到我们辛辛苦苦做的饭菜来招待他们,我的气不打一处来。用盯了几眼母亲没好气地说:"我饿了,一会要上学呢。"

"是呀,让孩子们一起来吃吧,他们下午要上工和上学呢。"这是"挨千刀"说的。

我心想,都吃光,饿死你。

这时父亲发了话:"叫你姐姐们都回来一起吃饭吧。"

我立刻去找姐姐们:"告诉他们,如果不快回家吃,那么多好吃的会全便宜了他们。"

饭桌上,"挨千刀"说:"陈老师,对不起你们呀。"他竟然还记得父亲是他老师!难道把一百多斤重的大石头放在他身上,就不怕瘦弱老师的腰椎是顶不住的?

"别!!!你可别那样想,伤心对眼睛不好呢!"父亲还真大度!

"那也不是你们的错。时代都那样,你们是不得已而为之,我没那么小心眼。"父亲乐呵呵地说。

天呀,一句"我没那么小心眼!"所有的恩怨就一笔勾销了,就原谅了?

哥哥听了没好气地"哼"了一声,并狠狠地剜了父亲一眼。

"你们搬走后,我爸经常对我们说,对不起你们一家。想生活好了,到家给你们道歉。看这还没道歉,又给您添麻烦了。"这是"挨千刀"儿子说的话。

父亲说:"以前的事情我都不记得了。"

这时候姐姐拧了我一下。姐姐们都怕父亲,我最小,敢顶撞父亲。

我知道姐姐的意思,于是说:"您年纪大了不记得,我们可记得。"

"是呀,你记得回家吃饭就成"。父亲边说边给我夹菜,顺便狠狠地瞪了我一眼。

"过去的事情就过去了,不提了,好好养伤比什么都重要。"母亲说。

我就纳闷了,难道母亲忘了?年终他和"下油锅"一起算计我家的粮食,母亲跪地哭着要他们分给我们点他们都不给;难道她也忘了,他们要他俩离婚,她的一对龙凤胎儿女让人家给领走了,眼睛哭的都模糊了,害得她领着我走140里的路去县城找政府讨回公道!听到他们说话就吓得哆嗦。唉,母亲真是见忘!

送他们走后,父亲对我们说:"看你们几个,心眼加起来还没针眼大!要有一分之路他们也不会找我!他已经双眼失明了!"

听说"挨千刀"的眼睛瞎了,我们的心软了,姐姐说:"这就是报应!"

父亲立刻严肃地对姐姐说:"怎么说话呢?!你以为他心里不难受?!"

哥哥问,"怎么搞的?"

"唉,就是穷的。老家那(父亲称我的第一故乡为老家)不是有个废弃的石英矿吗。包产到户,有的是时间了。他们爷几个就想继续开采那个石英矿。买点炸药,结果石头没炸开,却伤了他眼睛了。"我知道那个石英矿,很大很深,里边很多水,水里面有很多蛇。他们胆子够大的,我去一次后再也不敢去。

父亲继续说:"家里没钱,就让老家的医生给止血包扎一下。现在看不见东西了,想到咱家借钱去北京看病。"

"您答应了?"我们姐妹异口同声。

"那不是实在没办法才跟咱借吗,他知道政府给了我们补贴,于是就想借点。"听父亲那口气,准借了!

我脱口而出,"就您高尚!在他们眼里,您是傻子!"

"跟花大姐(七星瓢虫)一样——没血!"姐姐气得在地上转圈。

父亲听完我们的抱怨,发出一声长叹,"唉,这么点小事你们就耿耿于怀,哪会过得快乐!一个人可以没有显赫的地位,可以没有渊博的知识,也可以没钱,但不可以小心眼!学会宽容,心底宽即使种田、做工,也会成为优秀的农民、工人,为人所称道,那样才能活得充实。"父亲站起来用手指着我们又重复一遍:"不许小心眼!你们给我记住!"

三

七十多岁的父亲,似乎小心眼了。

分田到户后,父亲把自己的那几分地打理得杂草都不敢在那里安家,野草刚冒出小尖就被父亲连根铲除。柿子树、桃树、梨树都很高。秋季父母趁我们不在身边时把梯子靠上树杈,用绳子拴好,然后再爬梯子摘果子,这种方法,时常把年轻人吓出一身冷汗。

为了父母的安全,我们找来很多矮树苗,包括栗子和核桃树。一米多高就挂果实,比较好经营,当然树苗也很贵。

这些树苗子在挂果实后麻烦就来了,总是丢!丢了我们就再买。重复几次之后父亲说"不行,我得找找我那些树苗去谁家地了,我治治他!"第一次听到父亲说要整治人我们都很惊奇。于是我们说他小心眼。

父亲认准的事,八头牛也拉不回来。

父亲怀疑是本村人偷的。于是,他利用冬季农闲,把村里东南西北的地走了个遍。还别说,还真发现了那些失踪的小树苗。虽然栽的地点不同,但都属于一家。那家的男主人比父亲小四十岁,是个年轻后生。

得到了这个线索,父亲长去找后生聊天。

有一次,父亲说,"我年岁大了,孩子们给弄点矮树苗,结果让人家偷去了。"那个后生很镇静地说:"肯定是外村那些收破烂的人,收不到东西就去地里。咱们门口停的车,夜间机油都让人家给偷了,大白菜、萝卜都丢了!"

父亲想给他敲警钟,他还不当回事,于是又心生一招。

春天到了,我又给父亲找了些核桃树苗。几天后父亲对那后生说:"大侄子,这次我姑爷又给我弄来了更好的苗子,我栽上一星期了,两三年后能挂果了。"父亲等着他中计。

以后几天,父亲一直观察他。

据父亲说,观察他很辛苦,天擦黑要去自己地里转;早晨天刚蒙蒙亮去他地里看看,那几天他整天早出晚归。虽然已是春天,但料峭的寒风我们怕打到他。但谁说也不听,就要去。我们时常说他小心眼。

果然，那次父亲看到了他正在起地里的苗子。按一般人应该给派出所或大队打电话，把他抓起来。可父亲没那样做，他立刻返回家，提了一桶水，在远处等他。那小子挖了五棵后卷起就往他自己的地里去了。父亲在后面尾随他。等他挖好树坑，栽上，父亲现身了。吓得那后生直拍心口窝，一直叫大爷。

"不浇水，不爱活。"父亲边说边给树苗浇水。

"大爷，是我不对，我……我……"

"啥也别说了，我都知道。"

"我想您儿子跟姑爷都有钱，有人给您买；而我没钱，这新品种，将来有价，于是……"

"下次需要啥，跟我说，我给你！我没那么小心眼！"

小心眼成了父亲的口头禅，对我们说，更对孙子后辈说。

那一天，我猛然醒悟，小心眼，父亲这句口头禅里蕴含的道理。

父亲说不出宋代理学巨擘朱熹提出的"人心之灵莫不有知，天下之物莫不有理"致"万物之理"而能豁然贯通这些大道理，但他的口头禅——小心眼却折射出心胸宽阔的品格；折射出一个人待人处事的宽容度和承受力，也说出胸怀宽广、气度从容处世为人准则。他清楚，心胸统帅人的灵魂和生命，它支撑着人的胸襟和抱负，规划着人的行踪和轨迹，预示了一个人的发展和成就。

不自觉中，这句话又成了我的口头禅，这是我从学生口中得知的。

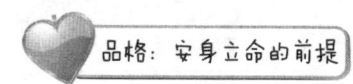

"丑小丫"的心愿
——亲子教育中大爱无疆的成功案例

周末,前来邮局领款、汇款、寄包裹的成年男女进进出出。

我走进大厅的时候前面已经有 30 名顾客,工作人员不停忙碌着。此景我在邮局已经很长时间没见到了。

排好队,扫视一下大厅,大厅角落里两个小姑娘的身影进入我的视线。

俩小姑娘十多岁,她们在嘀咕着什么。背对着我的是位穿着肥肥大大的白蓝相间的校服,短发;另一个扎着两只小辫,黑裤子、红褂子,衣服松松垮垮。她们脚上都穿着白色运动鞋,鞋帮上还带着泥点儿。看她们面色,皮肤粗糙,看似营养不良。她们的表情,有一种超出她们年龄的成熟。我猜这俩小姑娘的家庭不是很富裕,真真的是两个"丑小丫"。

洁白的大理石地面,孩子脚下的那堆泥渍引起清洁工的不满。四十多岁的女清洁工一边瞟她们一边嘟囔着:"玩儿也不会找地方,不知道自己碍事。"

两个女孩面对成年人投来不满的目光很懂事地挪到了我们这队列的后面。她们走过之处,又留下了泥点儿,其中穿红褂的女孩弯下腰用袖口给擦了一下。

排队的人越来越多。人们谈论一个话题——四川灾区。

"我的同学在四川,跟我说他在救灾。这不,我把捐款直接寄给他,让他买点水和吃的。""那你捐多少?"

"不多,三千,从我还房贷里拿出来的,嘿嘿。"

说话的中年男人感觉不好意思。

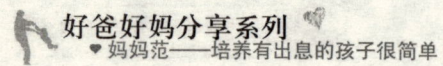

这时我又听到:"我老家是四川的,到这来打工。去年春节没回家,想省下路费,这不,我把所有的积蓄都寄回去。"

……

小姑娘似乎也听到了这些,本来她们是在排队,可她们又从队伍中挪到了另一个角落,彼此又开始嘀咕起来。

"干什么来了你们俩?是买邮票,还是杂志?"工作人员流露出不满的情绪。

两个女孩互相推搡了一会儿,大点的女孩吞吞吐吐地说:"我们……我们也想……"

"你想?我还想让你们走!"

两个女孩似乎被吓着了,惊恐地看着工作人员。

我听出了孩子的话里之音。

于是把俩小姑娘叫过来问:"你们来做什么?"

看到有人搭理她们,她们快步走过来,几乎异口同声地说:"我们也想汇款,就是钱太少,不敢……"

大厅里安静极了。

俩小姑娘羞红了脸,低下了头用很低的声音说:"爷爷说5月12号龙王翻身了!"

就这么一句话,又引来大家的一片谴责。

"什么话!"

"有病,很迷信呀!"

有的甚至说:"怎么你想当龙女?"

听到这句话,小姑娘吓得要哭,她似乎没有见过这阵势。

我回过头,对我后面的人说:"龙王翻身可不是迷信,我们说的地震,民间百姓就说龙王翻身。"

"对,对!"小姑娘高兴起来。

"是的,就是地震。"

这时大点的女孩儿说:"我们家很困难,父母都不在了,我们跟爷爷过,靠政府补贴。我们姐妹俩在《星星火炬》报上发表了两篇小文章,还有一副美术作品,稿费加起来12元。我们原来计划用这稿费给爷爷买点眼药,我们自己再买两个发卡。"这时候我注意到孩子头发,用两个布条系成马尾辫。

孩子继续说:"但是爷爷说龙王翻了身,湖水干了,楼房塌了,灾区更需要钱!于是我们祖孙三人一致同意把这钱寄到灾区。我们在新闻里看到汶川县的希望小学有很多跟我们同龄学生,我们就寄到那里。让他们知道,她们的生活是有希望的,虽然亲人不在了。我知道叔叔阿姨寄的钱比我多,不好意思耽误你们,我们等!"

孩子的一番话,受感动的不仅是我,还有工作人员和排队的人。这时队伍不自觉地给她们让出位置来。因为没有理由不帮俩"丑小丫"完成天使般的心愿。大爱无疆!

2008年5月24日邮局见闻

儿子,老爸是谁!
——扭曲的权欲教育

一

方局长躺在医院的病床上,一声声地叹着长气。他40多岁,身高根号3,了解他的人都知道他位重权高。

方局长面色红润,皮肤光滑。单位离家虽然只有10分钟的路,但每天邻居都看到一辆黑色的奔驰车接送。每次下了车他都用双手不停地抚摩自己将军肚,并微笑着对邻居们说:"唉,整天开会,为了革命工作都成沙发土豆了。"说是说但表情流露出的可是对自己十二分满意。

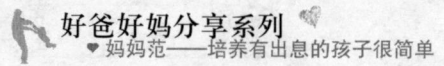

方局长今天躺在病床上纯粹是他儿子给气的!

他儿子叫方向,今年初三,升学考试很令人满意,区里第5名被市重点学校录取。考试结果出来后,方局长的亲戚、朋友、下属在三天时间里摆了30桌酒宴,祝贺方公子"金榜题名"。

开学那天,方局长亲自把儿子送到学校。看着小巧、精致的校园,方局长很满意。由于方局长工作忙,很少与儿子交流。这不,自从儿子上高中两个月过去了他也没能像回事地与儿子吃一顿饭,交流过一次。没想到二月后因儿子他躺在了医院病床上。

事情是这样,今天方局长有个9点的会。睡醒了没事溜达到儿子的房间,习惯性地坐在写字台前。写字台上有他儿子7寸英俊大照片,他看着照片上的儿子满意地笑了。自言自语嘀咕道:"臭儿子,老子在给你打江山呢!"

方局长把手伸向抽屉,翻着儿子乱七八糟的东西,猛然一惊!他看到一张A4纸上写着如下几句:

警告处分

"由于旷课太多给予方向同学降为旁听生处分。"

××××学校

方局长简直不敢相信自己的眼睛!用力地眨了几下一条线似的小眼睛。看看名字,没错!再看看日期×××年11月12日。啊,这事发生在两星期前,自己竟不知道!方局长突然感觉天晕地转,"这兔崽子……"话还没说完就晕倒在椅子旁。

要知道他儿子可是他的命根子呀!

司机小刘准时把车开到方局长楼下可怎么打电话也没人接。于是就给局长老婆打了个电话。局长老婆说她上班的时候他还在睡觉,难道……他老婆越想越害怕,匆忙回家,发现了倒在椅子旁的方局长,立刻送到了医院。

医生输了点滴,方局长慢慢地清醒过来,对司机说:"是儿子气的!真要好好地管管这小子了。他太让我费心了。"

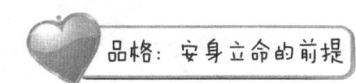

他歪过头问身边的老婆:"儿子成了旁听生,这事你知道不?"

他老婆点头说:"知道,但还有比这事更糟糕的,老师打电话说他已经两个星期没去上课了。我联系不上他,他手机关机!"

方局长拔掉输液管怒斥到:"你这臭娘们,什么事都让你耽误了。"说着就下了床,让司机结账,出院了。

方局长直接回到办公室找到了秘书,他知道秘书可以为他摆平一切。

"我那儿子你是知道的。"方局长手里翻着一本书也没抬眼看秘书说。

秘书边倒水边说:"我知道,聪明!"

"从上初一我每年给他交三万元的赞助费把他送到最好的学校;每个月租房,雇保姆就去三千,司机每星期来回地把他接回来送回去,这么一个来回就400里地呀,这小子就是不好好学。我找门路托关系,终于达到高中的分数线,外人以为是儿子自己的本事,但当爹的清楚,那全是抄的呀。"

秘书弯下腰,把水放在方局长面前说:"您别生气,孩子还小,大了就知道了!不犯错误还叫人呀,别说孩子,大人也犯错误不是?"

唉!方局长长叹一口气说:"明天你到学校去看看!"

秘书哎了一声就出去了。

第二天秘书回来把班主任交给他的两样东西一齐交给方局长:一个是旷课记录,两个月70节;一个是他儿子的日记本。还带回老师的话:"方向在两个星期前就离开学校不念书了,这日记本是语文老师让学生每星期写两篇日记,充当作业交上来的。"方局长听了只觉得血涌向脑门,但他立刻扶住了身边的办公桌。

心里嘀咕道:"儿子已经被开除?书都没有念的了?!自己还蒙在鼓里。"

他下决心要向老师讨个公道,儿子到底犯了什么滔天大罪,到了被开除的地步?并且开除这么大的事竟不事先通知他!方局长越想越气,面对秘书只觉得自己脸上无光。于是说道:"现在的老师真是狗屁不如,一点素质没有,这么大的事情,连家长都不通知?!"

秘书连连点头说:"就是,都是老师的错,孩子毕竟还小吗!"

二

秘书走了,方局长打开儿子的日记本慢慢读起来。

真是天助我也,我这样学习也能考上了市重点?!我高兴呀,真高兴!父母更是高兴。特别是父亲,他的儿子给他挣了面子,摆了好几桌酒席。听妈妈说给他们挣了几万元!父母兑现了他们的诺言:怎么玩都可以,不再管我。看不到各科老师那阴沉的脸,听不到父母早已烦透的唠叨。整日看到的是他们满足的脸,阳光般灿烂的笑。

"哼!这兔崽子他真认为是他的运气好,要不是我他能有好运气?"老方微笑着在心里嘀咕道。

今天是开学第一天,老天爷成心与我作对,从后半夜就下起了小雨,等到7点钟雨还是没停。通知书上明确规定 7:30 分准时到学校,管他雨不雨的。早在两个星期前就准备好了开学要穿的衣服:膝盖上有两个运动员图案,远看像是运动员在赛跑的牛仔裤,还有六百元的一双361°鞋。争做第一酷男,让所有的女生倾倒。

爸爸的司机真准时,快到七点半的时候把我送到了学校。之前看到学校甬路两旁高大的白杨树,就躲得远远的,因为那树上好多小鸟,小鸟的屎会落在身上,脏死了。可今天觉得小鸟都在欢迎自己,叽叽喳喳的像美丽的乐章。按学校出示的平面图很快找到了自己教室的位置。班主任站在门口,是个微胖的中年女教师。

老班满脸微笑地迎接我:"你好,你是哪位同学,二班欢迎你。"老班很爱笑,看起来脾气很好,不爱训斥人。进了教室才发现只有后面还有两个空位子,其他的同学都到了。这回所有同学都能记得我,来得晚也有好处。嘿嘿!!

在这一星期里我认识了各学科教师,只有数学老师一下子就记住了。他是唯一的一位男教师。别看又矮又瘦,活脱脱的一个"鸡架子",但天生一副"猛相"。五官很特殊:眉骨、鼻子、嘴巴都远远高出水平面,看一眼就望而生畏。

"鸡架子"的普通话一点也不好听,不时夹杂"尼"的外地口音。这还都可以原谅,要命的是还抽烟。上课铃响之前他站在教室门口,一股股浓烟腾空而起,直冲云霄。臭老师,讨厌死了!

戴一副高度近视眼镜,说话的时候喜欢把手放在背后的英语教师,总是尽全能地翘起她的鼻子,以拦住20世纪80年代古董般的眼镜;长颈鹿一样的地理教师,柔柔的一副"弱柳扶风"的感觉,真怕台风把她吹倒。历史老师跟老班相似,听她说话还有点意思。260年的清朝历史6句话就说完了,真是十分简练。

方局长看着儿子对教师的描述笑了。自言自语道:"儿子的文笔多好,描写人物形象逼真,这不是一位作家的料吗!"

方局长继续往下看:

上学真是没意思透了。特别是"鸡架子"的课更难得上。不到一个月的时间被他找7次,每次他都边抽烟边教训我。今天他这样说:"你以为大学那么好考?你以为你自己那么聪明?不听课就可以学会?"

越是不想靠近他,数学老师越要靠近你。老师一张嘴那味道能呛你个跟头。在他面前真想戴个防毒面具,他倒好似个活神仙,快活得眼都跑到眉毛上去了。他以为就他能,我的耐性到极点的时候,大吼一声:"够了!你有完没完?难道你做得很好吗?老师禁止吸烟,你做到了吗?"老师愕然地呆在那,夹着烟卷的手停在半空中。真爽!在老师还没缓过神的时候,我夺门而去。终于出了这口恶气,以后看你还敢不敢在说我。哼!他是不知道我老子是谁,若知道,不定怎样巴结我。

的确这不是孩子的错,方局长心想,孩子不爱学不是孩子原因!

他继续看:

母亲真牛!在全班同学面前给我挣足了面子。事情是这样:有个女同学,我每次看到她的前胸都向小兔子一样乱跳,于是几个男同学就说谁敢摸那"小兔子"!这小事,酒店多的是,跟父亲外出吃饭的时候见得多了,那有啥?于是课间操,我借上楼的机会把运动衣罩在她脑袋上,我就摸了,没想到是那么柔软。结果那个女同学说我调戏她告到了班主任那。班主任让父亲来,我就让我母亲来了。没想到母亲和父亲一样,同样牛!这句话我永远记着:"妈妈有事,给你钱。你放心,他们不敢开除你,局长、书记、校长、区长我都认识。"当时老师成了一群呆鸟!哈哈!

方局长思索一会嘀咕道:真像老子,有胆量!

方局长又看到如下文字:

这几天眼前总是她的影子:娃娃脸,太阳裙。骑着一个山地车,大大的书包斜挎在一旁,黑色牛仔裤的后面是两个长方形的大白条,看上去跟两个大补丁一样。柔亮的黑发在空中飞舞,想起她,就想触摸她的长发。她喜欢写散文,文字淡淡的,如同她的人不见修饰的痕迹,自然,洒脱,偶尔还有一丝忧伤,她叫玲。班中所有的女生都跟她进行了对比,比来比去,都不如她。可惜她不是我们班的,是高二年级的。我克服任何困难也要跟她联系上。

上课,任何学科都听不进去,不知道老师在讲什么。没关系管它讲什么,反正有老爸老妈。初三自己学得什么也不是,连个中专都考不上,还不是老爸老妈有办法。先给弄个"三好生"。本来凭自己的实力体育加分20分,老爸竟然又认识军队里的可爱小战士,顺利通过30分。走上考场前,父亲嘱咐他:"前面那小子只要不给你看,你就踢他的椅子。你的运气特好。"老爸你说的对:这社会不是凭真才实学去考试,而是靠运气。中考前你对我说:"你就是好运气。老爸给你算过了。这不,你的前面就是××学校的高才生,你该抄抄,不给看就踢他椅子,戳他后背。"

老爸你的话还真对!我运气就是好,没想到自己这有名的差生,竟比班上总是全年级第一名的峰还高出三分,竟然被一流市重点学校录取。很多同学都说大学只要有钱,考0分也能上。父亲大人您可得多给我准备点钱呀。提到父亲,我怎么觉得好像好久没看到他了,难道是出国了吗?对,回家问问妈妈。

方局长的心里发沉了。他忽然意识到什么,我的关系?孩子的命运?

他继续看:

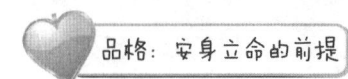
品格：安身立命的前提

今天上课睡觉的时候梦到玲靠在自己的身上，一起看着电影，真幸福！唉，真是倒霉，哪科老师都要我的作业，真是咸吃萝卜淡操心，皇帝不急太监急。我去参加考试，考不上跟你老师也没关系，干吗非跟我过不去？给个耳朵，随便说吧。

这混蛋！方局长看到这骂道。

今天我心情糟透了！不过也很快乐！我已经跟玲建立了关系，托一哥们给玲转了一封信。那哥们告诉我本星期五就能给话。让我放学的时候在门口等她，玲对我很满意。

今天我终于看到了日思夜念的她。可他的身边却跟着一个高大、帅气的男同学，他们有说有笑地从校门口走出来。看看自己，再看看她的同学，我没了自信。但相信玲就是我的最爱。冲上去，拉住她的手说："玲玲你接到我的信了吗？"玲竟睁大惊恐的眼睛，好像不认识我一样，红着脸，看了他身边的同学一眼说："什么信？你别逗了，这社会谁还写信，人家早用手机了！"

玲身边的男同学也对我点头到，"没错，哥们现在是信息时代了。"

"好，今天先不说信息时代，我们好久没看电影了，我没上课跑出来就想约你去看电影。"

"什么时代了还看电影，现在都是上网!!"玲的同学回答。

玲撅着小嘴的样子好可爱。

失望、愤怒、郁闷、烦躁的我就想找人打一架。回到家父母见到自己还左一个宝贝，右一个宝贝地叫着。哎，可怜父母心。我决定在铃家附近租处房子，这样就可以知道她的行踪。原来还担心母亲不同意，没想到母亲如此爽快。也是自己那几句话起的作用："重点中学老师讲的都是重点，不像我们初中学校每节课做什么，早晨十分钟做什么全都安排出来。下午三点多就放学了，上晚自习的地方一共能坐300多学生，一点不方便，我想好好学习，将来出国。"

也许是好好学习，准备出国这句话触动了妈妈。妈妈还答应给我买个

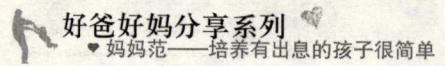

新手机。我准备把新手机给玲,这样上课就能和她聊天了。

方局长靠在椅子上想起老婆的确跟他说起过这回事,看来是让这小兔崽子给骗了。他的心里只有他的女朋友,这两周没去上课不会跟那女孩子同居了吧。方局长越想越怕。

越怕还越想看:

今天又遭老班批评了,原因是我一大早刚到学校就哈欠连天,蔫头耷脑。不过我心里高兴,事情是这样:昨天是星期日,我告诉母亲需要到学校去上自习,自己大了不需要司机接送。母亲听了还很高兴!

不到一小时就来到了学校附近的那个网吧。网吧比我们教室还大,三排电脑,最少有50台,黑压压坐满了。老板是跟我一样大的学生。挨着我这台电脑的是个小姑娘,幸亏有这小MM。自己只会开机,关机,其他都不懂。真跟她学了不少,在她的帮助下有了一个像小蝌蚪一样的QQ。还学到了最新网络语言:

"泥表酱紫PMP,小心我给你泥菜色笔。"

天呀,我还以为不是中国人,要么就没上过小学,错字连篇!原来意思是:你不要这样拍马屁,小心我给你颜色看。

挨了人家骂"你是大青蛙!"但心里高兴!

很快5个小时过去了,一夜过去了。上课有精神才怪,那我就神了。

方局长拍了一下自己的脑袋,这下完了,有网隐了。

他继续看:

睡了三节课,幸亏不是同一个老师上课,否则还以为我夜间去码长城了。上课真没意思,我忽然想到了手机,能上网!可忘记了自己的QQ号!在第四节课上课前我溜出了教室。

方局长再往下看,却没有了。

方局长掂量着那个日记本思索了片刻。心里想:"我是阳光,我光芒四射,还没有我方某摆不平的事情。我要用我的阳光替儿子房间开灯!"

第二天,方局长来到学校找到班主任,与班主任进行了如下对话:

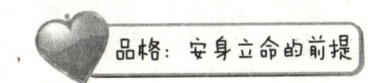

方局长气愤地说:"我儿子可是够分数线被你们学校正常录取来的,那可是优秀生!不到两个月就成旁听生了?你们怎么教育的!我儿子有这么差吗?"

这语气让班主任矮了三分。

班主任不失修养地说:"我们也很纳闷,为什么这样,以他的分数来说应该有个很好的听课和学习习惯,但我们发现他没有。"

班主任的话一下击中要害。

班主任继续说:"我们多次让孩子请您来学校,往家里打电话都联系不上您。他母亲来两趟,但没管用!我们开了四次家长座谈会可是你们一次也没来。"

方局长站起身,走了一个来回,哼了两声说:"要是我们有时间管理孩子还要你们老师做什么?就因为没时间教育才让你们教育吗,你们就给教育成这样?!他可是个作家材料!这样吧,把他的那个处分给撤掉,高中让他瞎凑合吧,混个毕业证。"

班主任满脸微笑,不紧不慢地说:"问题是他拿不到毕业证,需要各学科会考通过,他会考根本过不去。"

"嘿嘿,看您说的,不就是个会考吗?抄也能让孩子抄过去!再说了,即使真考不过去,那个毕业证还不好弄?现在硕士学位、博士学位都能弄到。"

班主任愕然地愣在那里不知道说什么了。

缓过神后说道:"我们这是高中教育,为了全班学生,不能让学生觉得学校纪律是儿戏,我不能那样做!"话不多,可是不亢不卑。

方局长认为这是在跟他挑战!这么多年,还没人敢这样!

几天后,方向从学校转走了。同学说他留学去了,一次性学费40万。每月10万生活费。

三

方局长儿子的出国费加上每月的生活费使得方局长犯了假公济私错误。东窗事发,一夜之间他由局长一下子变成了一个需要如实交代贪污事实的 57 号犯人。

方向离开学校后去了新西兰，是方局长通过出国中介办的出国手续。方局长由局长变成老方这件事情他没让老婆告诉儿子，他儿子照样每月要10万生活费。但方向发现每月钱都在减少以至近三个月每个月只能寄来一万元，没办法他就跟同学借。同学中再也借不到的时候，他又来信了。他母亲告诉了家里面临的困境，他也说了实话，在信中详细描述了他的留学生活。

他告诉父母，他们被中介骗了。新西兰，的确是个美丽的南太平洋岛国。她迷人的自然风光吸引了很多留学生。但他们的学校在新西兰的一个附属小岛，距离新西兰岛一千海里。岛屿面积不是很大，居民百分之八十是土著毛利族。他们就住在毛利人的家里，一个月也难得洗一次澡，伙食很差。岛上就一条像样的街道，长不过二里。街道不长但非常繁华，真是麻雀虽小，五脏俱全：酒吧、迪吧、台球还有赌场，就是没有一所像样的学校。他们的学校就是土著居民的二层小楼，他们一个月见到一个会说英语的白人教师，教师一个月来一次。自然学生都有不同程度的迷惘，他们经常一群人去酒吧喝酒、迪吧蹦迪、打台球，几乎每天玩到凌晨四五点才回家。这样的消费就算再有钱也不经花，很多人花掉了自己的学费，然后又到处找人借，经常是有借无还。好几个朋友因此迷上了赌博，经常去赌博，一去就是一整天。开始还小赢，最后几乎都是倾家荡产的输。钱总是不够花，为不挨揍，每月还得交一定的保护费，就这样在这里过了将近一年。

他告诉父母如果再不寄钱，他们就看不到他们的儿子了，因为该交保护费了。老方的老婆把这封信给老方看，老方一下子嘴斜眼歪，人事不知！他老婆高呼："你可不能有个好歹呀，儿子的工作还靠你呀！"

金童

——溺爱的单亲教育

我走出办公室的时候看到1号楼的楼道里站着一个男同学:高高的个子,白皙的皮肤。我认出他是高一(三)班的金童。他靠着墙站着,见我走过来甩了一下头发,眯着眼看我。他似乎在琢磨我要跟他说什么话!看着他那表情我就来气,不到两个月就让老师头疼的孩子。迟到、旷课屡教不改像个滚刀肉!他一会给老师希望,一会又让老师失落。

我清楚地记得早晨班主任让填写家庭登记表,他对班主任说明天再写,因为不知道他妈妈叫什么。同学和老师都觉得不可思议,有个同学问:"你没妈?"他突然噌地站起来大骂:"你才没妈!难道有妈就得知道她名字吗?"高中生不知道自己母亲叫什么真的让人疑惑。

想到这,我决定绕开他走。我当学生的时候每次看到老师都绕道而行,尽力将视线从他们犀利的目光游移开去。唉,现在……也许他看出我要绕过他,很有礼貌,甜甜叫了一声:"老师好!"难道是我判断错了?今天不是被老师罚站?他喜滋滋的表情让我失去了判断力。我走到他面前问:"怎么?有什么好消息要告诉我?"我微笑着注视他。

他吸溜了一下鼻子说:"我就迟到几分钟,老师就让我找我母亲来!"听他说话的语气反而是老师在小题大做!

我站在他面前,盯着他好一会儿说:"就几分钟?!"他低下头,伸出一只脚在地上划过来划过去,那是圆弧形的圈。

看他如此专注地用脚画圈我很有气地说:"抬起头看着我!告诉我,你的家长来了吗?"

他抿着嘴斜视我一眼没好气地说:"来了!"

我也对他哼了一声转身进了他们班主任的办公室。

办公室里坐着一位穿黑色西服,雪白汗衫的四十多岁中年妇女。饺子一样的耳垂下两个黄澄澄的大金耳坠直晃我的眼!我猜想这就是孩子的母亲。班主任小刘边在办公桌上翻找资料边对我说:"正好,这是金童的母亲。您先跟她聊会儿!"

听到这句话她站起身说:"您也教我们小童吧!"

我边点头,边上下打量这位母亲。个子很高,有一米七,身材保持得很好,金童继承了他母亲的这份基因。黝黑的皮肤,很有光泽感,眉骨高高,凹陷的眼睛有黑眼圈。岁月的风雨毫不留情地在她前额、眼角处布下了很深的皱纹。也许我看得她不好意思,她用黝黑的手拉她衣襟。我看到了她食指上有个大金戒指!满身的首饰,黝黑的皮肤,显然金童遗传了他父亲的优点——皮肤白皙。

还没等我说话,她就开了口:"这小童简直让我愁死了。暑假前和暑假后就成了两个人。您说,到底是什么原因?怎么这么快,刚开学两个月就换了一个人?"

还没容我回答,她又跑到另一个话题:"我的命苦呀,死老公呀,你怎么这么早就死了呀。"说着她的眼里滚出了泪珠,沿着她的鼻翼流下来。她的情绪变化如此之快这是我没想到的。也许她感觉自己有点失态,慌忙用袖口擦眼睛。

听了她的话,看到她的眼泪我和小刘不知道说什么好了。

小刘老师劝道:"别着急,慢慢来,孩子大了自会明白。"

这时候小刘老师突然问了一句:"他父亲是病死的吗?"

"病死?是被坏人捅死的!"孩子的母亲擦了把眼泪愤怒地说。

"15年前,你们还小,那个杀死'金王'案子轰动一时!"15年前?轰动一时?莫非她是'金王'之妻?!我心想。

15年前我家的邻居给我讲了这么一个凶杀案。邻居在离家百里以外地方从事挖金子的行当。他说:"我们头成为金王,他家住在一个不到千户的小镇上,一家四口,两个儿子,一个4岁,一个2岁。他家可有钱了,他妻子骑的是凤凰自行车,他的两个孩子有小汽车玩具,是那种一按电钮就能到处跑的小汽车。他家有两台21寸彩电!哎哟,你可没看到过那彩电,邻居站起身来用两个手比画着:这么薄,画面这么大,跟电影似的。"

20世纪80年代中期,一般家庭连个黑白电视都没有!

"他家里还有金条!金条!"他眼里放射出金子一样的光。"可惜呀,上帝把他召唤回去了!他让人给捅死了!""啊"!我们很是吃惊。他继续说,"那是四个人,骑着两个摩托,在一个天刚蒙蒙亮的时候到了金王家。一个人上去敲门,一个人躲在门后边,两个人把守在大路边。这家人住在大路边,金王家的前面是他的弟弟一家,后面是他哥哥一家,但是关系非常紧张,几乎没什么往来。金王听到叫门声,立刻就开门,猛然间'啊'的一声大叫就没声了!匪徒又狠又准,一刀结果性命。门后边两个匪徒一起窜进屋,对着他的妻小一顿乱扎,呼叫声没能把邻居叫醒,10分钟后四个人骑着两个摩托风驰电掣而去。"当时我们听他讲故事像是看电影一样:吃惊、恐惧。迫不及待地问:"结果怎样?"邻居走了两个来回叹口气说:"唉!还好,到早晨大亮的时候邻居们看到这么晚了,门开着怎么没人出来?进门一看,看到了早已死亡的'金王'!再进门一看,他妻子和儿子还有救,立刻打电话报警,救护车把他们拉走了,幸亏他的大儿子那天住在孩子姥姥家没回来,幸免于难。娘俩没伤到要害,应该也没大事。"

坐在我面前的的确就是金王的妻子!我突然冒出这么一句:"那几个逃犯逮到了吗?"

说到这,孩子的母亲有点激动:"逮到了,四个全落网了!"

她继续说:"那四个小子两个河北,两个东北的。他们杀死我老公,抢了黄金首饰和金条,立刻就跑出北京,隐藏起来。不到一年,这几人觉得没事了又溜回来了。在一个小酒馆里喝酒,在喝酒的时候,他们慢慢地就谈起这件事,彼此嘲笑着,在抢劫过程中表现出的不勇敢行为。凑巧,正好当地一个警察穿着便服也来这里吃饭。他们的谈话他全听到了,于是就给他的同事打电话,并用暗号告诉同伴:'这里的饭非常可口,快来,等你!!'一会儿工夫这几人被押上警车。真是天网恢恢,疏而不漏。"

听着家长愉快的叙述,我们心情也开朗起来。

孩子母亲继续说:"小童是我家老二,他哥上班了。你别看我们孤儿寡母的,可他们比有父亲的孩子生活还好。"她站起身拍拍自己的前襟说:"你们看看我,这穿的、戴的! 一般人家比不了。"她似乎找到了自己的优势底气,心情也豁然明亮起来。

"我们家是挖金子的,我们家有金条!"

她看到我们吃惊的样子又补充起来。

"虽然被那群坏蛋抢了去,但留下的金条足够我们一辈子吃穿不愁! 小时候我怕他们受后爹的气,人家给我提了无数个对象我都没改嫁。我给他们提供最好的学校,假期给他们雇来保姆,让他们衣食无忧。不管看到谁家的孩子玩多贵的玩具我都给他们买,我不能让别人笑话我们孩子没爹。不但我这样,孩子的姥姥、舅舅、叔叔们全都疼他们,真是有求必应。他们过着衣来伸手、饭来张口的生活! 可是他们两个一点也不争气,他哥哥中专毕业两年换了四个单位。想工作了总该省心了吧,前几天厂长给来电话,要我把他领回来。你们说20多岁的小伙子就那么懒,八点半上班,他非要9点才起床! 问为什么? 他回答不想起! 不想起就是他的理由!! 再说这金童,初三补习了两年考到了高中,我专门给他租了一个两居室,派他的三姨妈给他做饭,哪知道他夜间都不回家,在网吧。他跟我说喜欢我做的饭,别人做的饭他吃不好,于是我就给他钱让他到饭店去吃。怕喝生水得病就每天买水喝,这一个月花1000多元。我还安慰自己,只要孩子念出书,花多少钱都值。暑假跟他哥哥去了网吧几次,就迷恋上了。就这两月才变化的,真的,原来不这样!"她絮絮叨叨地说了这么多。

"那他原来什么样?"我问道。

孩子的母亲一脸的阳光兴奋地说:"他可有理想了。有一段他喜欢画

画,我想孩子能成为画家。给他找了最好的老师,几百元成套的水彩画,国画的材料我全给买齐了。不到半年,他又开始要学钢琴,我想钢琴也不错,当个钢琴家,也很好?!于是给他买来钢琴。这农村能买钢琴的能几家呀,可为了实现他的梦,我支持他呀。那老师说孩子不适合学钢琴。我心想,孩子就是白纸,画什么是什么,只要孩子喜欢我就满足他,后来也不学了。有一次孩子跟我说,他的同学连上学的本子都没有,于是我给他钱,让他给伙伴买。他不小气,不吃独食。总想着同学,我想这样好呀,心地善良。心地善良就不会有血光之灾!将来还能当慈善家!吃的、用的没亏欠过他,可他现在怎么就跟他哥哥一样!我那死去的老公呀,你看看你的两个孩子,我都快成神经病了!"说着又哭了起来!

他的哭声,让我非常无奈。我想起了先生跟我说的一句话:当父亲的是引领孩子的方向,母亲是规范孩子的行为!作为单亲家庭的金童,方向或行为都是乱糟糟。他得未来将是怎样呢?

11支2B铅笔

——自私自利孩子的引导

在我们的现实教育生活中,我们经常看到哪些无理狡辩三分,不可理喻的孩子,经常看到对自己的行为推卸责任的学生。他们自私、狭隘,看不到自己存在的缺点,而一味指摘他人;不让父母老师批评,家长不敢指正。我不清楚是什么原因让这些家长如此怕孩子,但我清楚,这是长期家庭亲子教育中"人不为己,天诛地灭"错误观点潜移默化的结果;道无形,终有型。

亮是一名个子很高、很壮的男同学。高二,我开始教他的时候,同学们都叫他大力士。同时,亮也是一个悟性很高的孩子,喜欢读书,读了很多历史方面的书。他很有点思想,这是亮给我的第一印象。

一次,他的回答我很满意,就表扬了他,要大家向他学习。我刚表扬完,教室就炸开了锅。有的发出"嗯哼"的怪声;有的用脚搓着地面;有的很明确表示:"学他?那国家、民族就完了!"

下课,同学围着我说:"大力士就是学霸!他与同学一起去吃饭,双方买同样的饭菜,他肯定把别人的菜先吃完,自己再端着饭盘走开。如果不给他吃,他就用手轻轻一推,饭菜就倒了一地,哪个男生不怕他。他是住校生,洗衣粉、洗发液从来不自备,逮着谁的就用谁的,而且只要拿来,那么就是他的了,没有再还的道理。我们男生谁都奈何不了他。"大力士显然是引起公愤。我知道那是人格的一种缺失,这样走上社会还得了。

当我留心他的时候,发现同学说的的确不假。上课同学记着笔记,他只要是没笔用,侧身就把别人的笔从手里抽走。下课,把两个男同学按在屁股下面,边打边嚷:"服气不,服气不!"了解情况,才知道只因为他要同学的书,同学不给他。我要杀杀他的威风。

两月后,月考到了,亮到办公室跟我借一根2B铅笔,涂机读卡用。我觉得机会来了。

他说:"老师,借给我一根2B铅笔,明天该考试了。"

我边给他找铅笔边问:"知道考试,为什么自己不准备,你是没钱吗?要没有,我可以先借你买一套考试用的工具,以后用的次数多呢。"

"就用这一次,也使不了多少,不值得买呀。"

"看您,就在这笔筒里呢,您还到哪找!"说话这会儿,他已经把笔从笔筒里拽出来了,然后转身就走。我早知道笔筒里有,我找的目的是想拖延时间跟他唠叨几句。

"站住,就这么拿走了?"我拿出一张B5纸,要他在上面写上:"某某天,某某人借陈老师2B铅笔一支,三天后还;如果不还,罚还十根!并示意他签上他的名字。"

他斜视着我:"小气,一根铅笔,还老师呢,怕我不还?六个学科也用不

了一毫米。"

我也笑着:"没错,我就小气了!要借就得签!"

"一张破纸,十多个字,我还怕了?!"他边写边说。

三天过去了,他没还,一星期过去了他仍没归还。

我借批改作业的机会把他找到办公室,在他面前晃动那张他签了字的纸,但他跟没看到一样。

那几天,我们的课讲到古希腊和罗马史。希腊的公民大会是裁决城邦事务的权力机构;罗马的十二铜表法涉及个人财产的保护问题。上课,我提问亮亮的次数很多,目的是告诉他,赶紧还我铅笔。可人家就是不买我的账。

下课我对他说:"没诚信的人是没有立足之地的。"

"我立足得很好!就像您办公桌上笔筒里插着的那几支铅笔一样!我就纳闷了,您干吗非要我还那根铅笔,您不是没有?"他还不服气,还数落起我了。

"没错,你给我,我也未必用得上。但是你应该知道,做人之本。遵守诺言方为诚信,付诸行动方为信"

"我懂着呢!我爸从小就教育我,人不为己,天诛地灭!"他理直气壮地回答我。

显然跟他讲道理是没用的。

"你逼我出招?"我没好气地问。

"呵呵,一个女老师,能有啥招!我看着那!"说完,他转身走了。

我把班长叫来,告诉他,下节课我们开展一次辩论课。题目:谁有发言权!古希腊的公民大会定期召开,但不是所有人都有发言权。最后深化主题:每个公民追求的是民主、公平,而不是强权政治。目的是让同学理解,我们进行民主建设和法制建设的必要性,而每个公民应懂法,不遵法应该受到惩罚。让班长进行组织。

这里我没敢跟班长说,借同学的正义力量改变"大力士"。我仍然想留给亮亮自尊心,人的成长自尊心非常重要。

同学们一听进行辩论,很是激动,在班长的组织下分成两组。分组过程中,一组是有条件;一组是没条件。在没条件这组,以亮为核心,只有五个人。两组学生把中国古代和古希腊罗马的制度,认真筛选、取材。

那节课上得相当成功。同学们也觉得很满意,嚷嚷着以后多进行几次。

我看亮亮的表现,安排了几次小组辩论。每次辩论亮亮都形单影只,没有同学喜欢跟他一组。

一段时间里,亮变得沉默寡言,这又让我很担心。我时常想:"他不会出现心里问题吧!"

此后,我密切关注他,不再提那根铅笔的事,也不再进行课堂分组讨论。

很快到第三次月考。赶巧,我正好给亮这场监场。20分钟后,亮后边那同学说:"老师,我的笔不出水了。"

我还没来得及回答,亮就把自己的一支笔放在了后边同学的桌上。同学连说三声,"谢谢!谢谢!谢谢!"我也对亮说:"谢谢!"

考完试后,亮来到我的办公室。他拿着11根铅笔。看着那些铅笔,我没忍住,"哈哈"笑了,亮也抿嘴笑了。我拿过铅笔,把那张纸交给他。

亮说:"老师我怕您了!你这动不动发动群众真让我受不了。"

"记住,诚信比诚实更重要,做不到诚信就会遭到团队的抛弃。"

第二天上课,我对同学说:"昨天,亮亮同学拿出自己的笔帮助同学,今天我送给他11只2B铅笔作为奖励。"我刚说完,同学们就鼓起掌来。

独生子的亲子教育中会出现很多问题,教师不妨要运用班级团体的力量影响他。

饭卡

——自尊是品德的基础

手机响了,"老师!还能听出我声音吗?您不知道我是谁吧?我打听过了,您今天没晚自习。晚上六点,比萨店我请您。"我没回声,没想起是谁。

"还没想起来?我是您的'饭卡'!我大学毕业了,工作啦,我有钱了,哈哈哈!六点见!"在我还发愣的时候,对方挂断了电话。

"我的'饭卡'?'饭卡'!!"终于我想起是你,玲!

几年的断档,今天又猛然跳出来,我重新回忆起我们的点滴交往。对你,我心里一直很愧疚。

一

高一开学后的第二周晚自修课咱们相识了。

那天晚上,我坐在讲桌前的椅子上看书,个子不高的你坐在讲桌后面的第一位,我们相距不到两米。

上课几分钟后,我看到你回头把纸团扔给你身后的第三个同学。那纸团经几个联络站,最后到达距你两行之隔的倒数第二位,那男同学叫峰。峰谈不上帅:尖脑袋,窄脑门。我心想,你们不会谈恋爱吧,不般配。于是低下头,貌似继续看我的书,但我用余光一直看着你们。你传完纸团用笔在本上写着什么。一会儿那纸团按原来的轨迹又回到了你手里,你展开纸团,笑了。我想,准许你这样吧,因为事情解决了你就能安心读书了。

但是我猜错了,纸团再次从你这里出发,又传过去。第二次接到纸团的你表情异常愤怒,我知道事情没往我想的方向发展。于是我站起来,走到你身边,用眼睛告诉你,我已经看到你的所作所为。你抬头看看我,红着脸,笑了。那时候,我看到你亮晶晶的眼睛和浓密的短发。

我在你身边停留片刻后,走到峰的身边。他也抬头看了我一眼,挠挠脑袋,不好意思地低下头。这个年龄自尊心很强,逆反心也强,既然知道错了,老师也就无须说什么了。想到此,我在课桌行间走动。

我判断你还会有大动作,我要做好准备,拿到"证据"。我站在离峰不是很远的一侧,假装看后面黑板。也许同学传达烦了,也许同学看到我在看后黑板,他们大胆地传着纸团。不用回头,听着发出的声音就能知道纸团的进程。我猛然侧身,伸手在空中抓到了那纸团,同学们笑了,有人嘟囔:"老师好身手呀。""做自己的作业。"我说了一句。

我把纸团装进口袋里,回到讲桌前继续看书。实际上我是无心看书的,我在思考我怎样处理。一节课的时间很短,如果我占用了一半,你就没办法写作业了。于是我想下课再说。

一会儿我听到抽泣声,抬头发现是你在哭!

我把你叫到门外:"你还哭了?!因为你的纸团影响多少人,我都没批评你。"

"不是,是因为他,我才哭的。"

"他怎么了,骂你了?"

你梗着脖子,倔强地看着楼道的顶棚,不言语。

"你要能控制你自己就先回去写作业;要不能,就调整好情绪再进教室。"

你用手擦了把眼睛后进了教室。我也坐到讲桌前继续看书。

我的手无意间触摸到兜里的纸团,没忍住它对我的诱惑。

那张纸已经揉皱,纸团两面都是字。一面是红色的小楷印刷字,写的是八荣八耻;另一面是蓝色和黑色钢笔写的,乱,但内容清晰可见。

纸上文字:"你为什么跟她在一起,请回答我!"这是你的口气,字的一撇一捺都带着愤怒与责备。

"是她先找的我,问我点事情。"峰的回答。

"不许你以后再理她！你要记住！"这是你下达的命令。

"我自己的事情你管不着！你以为你是谁,自己不知道自己是个丑丫头！"

看了纸上的内容,我大脑急速地分析着你们的心理特征:随着自我意识不断增强,你们的自尊心不仅越来越强,而且也变得越来越敏感,即使是他人的一个细微举动,也能被他们敏感的自尊捕捉,从而引起强烈的自尊体验。由于女性固有的细心、敏感、多疑等心理特征,她们的自尊体验更为强烈。

凭我的经验,我感觉到你的青春期来临了,早恋在你身上像雪花落地一样,无可逆转。我无心看书,想着下课后你们将进行的争吵。我也在思考,我该怎样引导你?

下课的铃声响了,同学围着我问:"老师,是不是看别人的情书啦！"

"去,赶紧回家！"

还有几个男生起哄:"老师,透露点信息,都写什么了?"你用书包追打着那些男生,并对我大声嚷:"好老师,别说！"

"过来,我告诉你们写的内容。"

"老师,求您,别说！"

几个同学围到我身边,急迫地等我说内容。

我用左手围成喇叭状神秘地对同学说:"毛主席教导我们,要好好学习天天向上！"

"喔耶！好好学习去了！"同学们像小鸟一样散去。

看着学生们愉快地散开,你拍着自己的胸口说:"老师,您吓死我了！够哥们！"

"我吓你?"我一边对你说话,一边歪着脑袋笑着看你。终于你心虚了,你问我:"老师,您笑什么?"

我把你拉到我身边,低声说:"傻丫头,捡块石头就当宝;刚钓到一条鱼,就以为看到整个大海。"

你反应很敏捷,立刻明白我的意思。你扭捏着身子,答非所问地说:"我就是找张'饭卡',我妈说了,吃饭的事情自己解决,她只管交学费!"

我心想,跟饭卡扯上什么关系,饭卡得到饭厅去买。

看看表已晚上9点了,急着回家给孩子做饭的我,没能抓住你把我当成好哥们的时机对你进行正确引导,也没能搞明白饭卡的真正含义。还自我安慰地认为:对于青春期的少男少女,认识到异性之间似是而非的感情,并不是错误,是成长过程中心理和生理的自然反应。要留给他们空间,让他们自己学会解决。

但随后的情况让我明白,当时应该非常严肃地跟你聊聊这些疑惑。看重和追求个人权益的思想,强化了你自尊的盲目性,也带来了更大的伤害。

二

以后,你跟我的话多起来。

体育课,路边的一棵垂柳下,你靠着那棵垂柳,望着操场上踢着足球的同学们。我从你的身后猛地拍你肩膀一下:"别人都去活动,你在这想啥心事?"

"老师,您吓死我了!"

"那,我给你叫叫?"我抚摸着你的后背开着玩笑说。

那次,你告诉我,你是你们那所初中考得最好的。暑假,你的名字全社区的大人和孩子都知道了。你考到了示范高中,父母因你更加卖力挣钱。

"你怎么知道你父亲拼命挣钱呀?"

"他原来五点从家出发,到城里的劳动力聚集地等活。现在是四点半,有时候四点就走。他原来一次搬运一袋石灰,这次能扛两袋石灰上楼。他还说,闺女,你考上高中,爸干活更有劲了,有奔头了!"

"他还真得不要命了。你告诉你父亲,他们身体健康是你最大的幸福。"

你对我说:"老师您错了,让我们过得好,是他们最大的愿望。父母全希望自己的孩子幸福快乐。我妈说了,只要你好好学习,累死我也愿意,她在服装厂没白天黑夜地加班,谁也没她挣的钱多。"

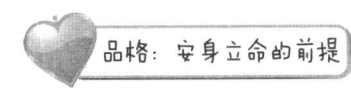

"这样透支身体,将来身体会垮的。你要学会心疼他们。"

"当然了,为了不让他们那么累,我才找个'饭卡'。"

"什么饭卡?饭卡到学校食堂去买,还能上哪找?"我惊奇地问。

你左手捂着嘴,右手指着我说:"老师,又落伍了吧,当然用找了,要是买不是还花自己的钱吗?"

"那,到哪去找?"

"看您,就是找个男朋友,让他给我买饭。"

"啊!这叫什么逻辑?男孩子就那么傻,他会给你买饭,供你上三年学呀!"这时我才明白饭卡的含义,原来是男朋友的代名词。

"喔,我明白了,你站在这在找你的饭卡吧?"

你既没肯定也没否定,一直笑。

笑一会儿后你对我说:"好多女同学都有男朋友,他是我们军训期间找到的。我呢,父母都在企业,下岗了,找点零碎活做,就找个家庭条件好的。要不是为这个,我才看不上他呢。难道我这一辈子就跟一个男人交往?就待在这小城市?我想去大城市!"

你说这话的时候,眼睛亮晶晶的,脸也红扑扑的,看出来很兴奋。当时还是仲秋,可我一阵阵发冷,多要命的交友观呀。

就在我意识到问题的严重性,打算跟你进行一次长谈的时候,你突然对我说:"老师,我该回班上了!"

等一下,我就说一句,你站住了。我说,"你妈妈说的饭费自己解决,就这样解决呀?你赶紧给我悬崖勒马,别拿感情开玩笑。生活有困难,找学校找老师,学校会给你困难补助,我也会帮你。刚刚咬的一口甘蔗,不一定就是最甜那地方。"

你撇着嘴,白了我一眼说:"老师,两句了。"

"听见没有?"

"知道啦!"你那尾音让我的大脑乱极了。

放学的路上,我想了很多,想到了独自在北京念高中的儿子。他如果也

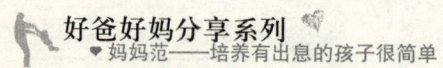

谈朋友,我该怎么办呢?

人是社会的人,每个人,无论大人孩子都需要朋友,无论是异性还是同性。没有朋友的人会出现心理问题,让他们交往去吧。

但很快我就否定了自己的决定:青春期的感情是纯洁的,谈朋友不应夹杂任何物质筹码。我只有这样安慰自己:是现实社会造成的,玲到底还是孩子,她把自己、对方,连同周围的一切诗化、戏剧化,也成人化了。

三

由于没有及时引导,美好的理想与现实生活都被你的价值观继续扭曲。那句"知道了",像风一样刮过,在你的脑海里,一阵涟漪都没有。

那天,我第四节没课,提前十分钟离开办公室。就在我走到走廊外的窗户时,看到峰从教室的后门蹲着挪出来。出了后门几步就跑到教室楼门口。

"站住!没下课,往哪跑?跟我来!"我把峰叫到我的办公室。

"老师,我饿了,我得去先排队买饭!"

这时候,我想起你说的,"饭卡"。

我抿着嘴笑,并一直看着峰。

"老师,您看我干啥,看得我不好意思了。"

"不是你饿,而是你的女朋友饿了吧?"

"老师,她才不是我女朋友呢。身边有个女孩子相伴,是显示我的价值,避免被城里的男生看不起。我爸说了,小子,大学考不上,也得弄个媳妇回来,那样学没白上!"

"这么说,你不想跟她步入婚姻的殿堂?"

"天呀,婚姻殿堂?您别吓我了!跟她结婚?!就她,酸白菜一样,南墙根晾着去,站着三道弯。"

"嘿,怎么说话呢!你不喜欢她,为什么还要给她买饭,帮助她?你跟我说这些话,你敢跟她直接说吗?"

"过些日子就跟她说,这两天她身体不舒服。"

"你要不好说,我替你跟她说。"

"老师,别,先别说,我还没找到更好的。找到了,我自然不让她占我便宜了!"

"啊!"

这回轮到我吃惊了,这"九零后"的孩子都怎么了,为什么这么功利?我望着窗外不知道说什么好。

就在我愣怔的时候,峰对我说:"老师呀,少男少女之间的交往,爱不是唯一的,结婚也不是最终的目的。我们是把这种交往当成探索人生,认识生活的一把钥匙和一面镜子。我们各取所需。"

面对峰那一套言语,我是哑口无言。我知道这种探索需要付出很大的代价。同时,我在思考是什么原因导致他们有这样的价值观?知道了峰的想法,我应该立刻找到你,对你进行一次关于独立之人方面的深层引导。应该让你知道依附他人、盲目从众、随波逐流,不可能成为真正独立的人。

我应该告诉你,与其说你们在恋爱,不如说你在做着有关爱的梦。你的一只眼睛看着现实,一只眼睛在做着各式各样的梦,可你们却忽视了雨后的彩虹稍纵即逝。

四

春天到了,校园里的玉兰开了。早晨它们最精神,张开喇叭状的花朵向师生们呐喊。大朵的粉色和白色玉兰在料峭的春风中向从它身边经过的人炫耀,多少人能经得住它的诱惑。中午,师生们成群结队走出校园的时候它们就羞答答的,似乎是喊累了,耷拉下花瓣。

都说鲜花需要绿叶衬,可迎春花和玉兰花才不要多余的叶子呢。校园苗圃里只有它们先开花后长叶子。可时间不长,别的植物刚刚冒出绿芽,它们就凋谢了。

你,多么像这些玉兰,还没有懂得什么是爱,没有分清楚喜欢与爱情之间区别的时候,小小年纪就已经一身风流债了。

放学了,你却在甬路上来回徘徊。

我从后面观察你,发现你走路的确一扭三晃的。

"玲,走路的时候挺起腰板!"

"老师,不是我不想伸直,是我太饿了!"

"那就快点去吃饭呀,不是放学了吗?"

"我,我……"

"怎么,没人给你买自己就不会买饭吃?"

这时候,你的同学走过来说:"老师她两天才吃一顿饭。她没钱了,她妈妈给她的一周饭费两天就让她花没了。明天还一天呢,怎么过呀。"

"早知道你就有这么一天!"话刚出口我就后悔了。既然知道有这么一天,为什么不避免呢?

"跟我走。"我们去了学校的饭厅,我请她吃了饭。吃完饭就去了我的办公室。

刚坐下来,你就掉眼泪。

"那就痛快哭吧,反正也吃饱了,也有劲了。"

果然,你趴在我的办公桌上像秋风扫落叶一样,呜呜地哭起来。

"老师,他不理我了,可我真得爱上了他。"

天呀,竟然这么顺畅地说爱,一点不害羞。

"爱他啥呢,每天给你买的三顿饭?"

"不是。他原来对我很好的。"

"你的目的就不纯。"

"开始的时候我的确是想找个'饭卡',但慢慢地我喜欢他了。"

"你们之间无话不说?像坐着过山车一样不住地往下滑,很难让自己停在半空中?"

"我对他是!我每天都想见到他,这一个月几乎都是我给他买饭。可是他仍然对我不理不睬的。我在他面前饿得晕倒他也不理我。"

边听你的倾诉,我边整理思路。我该怎么办?你的自尊心受到伤害了。

可爱情真的很像病毒,不管装什么杀毒软件,病毒总会悄无声息地潜入系统。当电脑突然黑屏死机,你想重启,但是欲动不能,这就是毒性发作了。

我应该用什么杀毒软件杀之呢?

心里想着这些,话也就脱口而出:"你中毒了!"

"啊,我中毒了?"

"你吃过火炬牌冰激凌吗?浅薄的女孩子就是火炬冰激凌的外壳,对爱情的需求无非是甜言蜜语加点心、咖啡、首饰、服装、化妆品。冰激凌吃光了,外壳也就空了。"

"我是冰激凌外壳!?没真东西!没味道?您也这样说我?!"

"有人说过你?"

"哼,我一定做一粒沉甸甸的谷穗!"

"回来!这饭卡里还有50多元,够你吃两天的。不用你还了。"

"老师,我……"

"好了,别客气了,拿着吧。"

"放弃吧!浅薄的男孩子比浅薄的女孩子还不可救药。他们对爱情的态度只会动手;爱时动手,不爱就变成恨。你如果再缠着他,他就会对你动手,你要学会放弃。"

"和有思想的人交朋友,才能走得更久远。"

不知道是哪句话对你起了作用,以后很少再遇到你!但我知道你高考考上了大学。

手机再次响起的时候,我告诉玲,我一会到!我要告诉她,峰的父亲对他儿子的话。

高中阶段,学生生理和心理上基本成熟,渴望与异性交往,这是青少年身心健康的重要标志。父母们要正确引导孩子与异性交友的价值观。

书桌里的打火机

——帮助孩子杜绝恶习

一

读初一的儿子放学后对我说:"我们教室后面是高中教室,从后窗时常看到在我们教室的墙角处有两三个人在一起吸烟,有时候一个人。害得我们时常给他们清理烟头和烟灰。最后他来了这么一句:妈妈,我也想抽烟!同学说不抽烟喝酒不成熟、不帅气。难道您不想您的儿子成熟和帅气吗?您不想让您的儿子成为男子汉吗?"

面对儿子的挑战我很茫然。但我反应还算迅速:"可以呀,我们现在就试试。"我拿出他父亲的"熊猫牌香烟。"我们一人点了一支,坐在客厅的沙发上。他刚吸一口就猛烈地咳嗽起来,还呛出了眼泪。"我的天呀,我以为是多么香,怎么这么呛?"我也学着他的样子,不停地咳嗽,同时按灭了烟火。他又抽了一口,这次连眼泪都呛出来了。他学着大人用手弹着烟卷。

我对孩子说:"面对镜子,看看你吸烟酷不酷,姿势美不美。"

他转过身,一手叉腰,扬着头,嘴里吸着烟,脚尖着地,腿不停抖动。

"妈妈,我怎么觉得像个小流氓,二流子。"

"是因为你还不到吸烟的年龄。吸烟是成年人的需要,是一种排遣方式,你不需要这些。"

"我还以为很香,很男人。"孩子边说边把烟捻灭放在了烟灰缸里。

"吸烟不代表是男子汉,男子汉是能判断是非的。还没成年就吸烟,说明是个糊涂蛋。"

儿子抬起头好奇地问我："您知道谁是第一个吸烟者？什么时候开始有吸烟的？"我心想幸亏我是历史教师，知道点关于烟草的历史。我告诉他第一个烟民叫罗德里格。15 世纪末他随哥伦布船队从美洲回到家乡后，众目睽睽之下点燃了那些从美洲带回来的神奇的叶子。当他的鼻子嘴巴冒出了浓烟，"邻居们吓得魂飞魄散"。结果他的邻居举报了他，他被关进监狱。8 年后等到他出狱，邻居们早已学会了吸烟草，同时烟草贸易改变了英国与北美之间的关系，也改变了世界原来的样子。我担心儿子听不懂就没有再说。

事情很巧，就在儿子与我交流吸烟问题之后的一个晚上。他父亲送给孩子一件礼物：是一个长不到 5 厘米红褐色铁制小手枪。儿子从小就玩塑料弹子还有水枪。他以为这手枪里面也没有什么东西，拿起来对准他父亲的头就"咔嚓"一下。突然就看到一股火苗喷出，随后闻到了头发的焦味，他父亲非常生气追着孩子要。我出来打圆场。我觉得是孩子的父亲不对，这么一个有诱惑力的玩具，应该想到孩子能做出什么举动。他父亲告诉他这是他们喝酒的时候，随酒瓶送的打火机。

没过几天，儿子对我说他的同位书桌里有好几个非常漂亮的打火机。他兴高采烈地向我描述："小提琴，这么长，我看也不过 5 厘米。是黑红色，我们一拔弦，噌地一下冒火苗，吓得我们四散。同学说'别怕，我这有灭火器'，说着就从书桌里拿出一个高不过三厘米灭火器！您没见到那小灭火器，小巧玲玲还有很小的文字说明！"儿子边说边向我兴奋地比画着。"那同学问我们：你们喝水吗？我给你们拿壶来。接着他像变戏法一样真得又从书桌里拿出一个小茶壶。那茶壶不是白色的通体都是红颜色，形象逼真那叫漂亮。我们一按茶壶盖的小按钮，噌地一下就从壶嘴蹿出火苗。"儿子跟我讲述着。

从儿子的讲述中我看到他十分想得到这些小东西。从他的言行中也能看出。原来他和我一样是反对他父亲喝酒的，这件事情后他特别希望他父亲去喝酒，因为里面有非常漂亮的礼物。每次都告诉他父亲有小礼物——打火机一定带回来！我断定儿子和他的同学一样：书桌里存放着打火机，下一步有可能就是聚在一起吸烟。我越想越害怕,琢磨该怎么办?

二

星期天我带孩子到公园去玩,正赶上红十字会进行义务检查身体。他们用铁针在小拇指上扎个眼,挤出点血放在试管里,过一段时间后再吸出挤在玻璃片上。在把玻璃片放到显微镜上。从显微镜下就能看到血液中细胞被污染的状态。那位50多岁的医生边让我们看边给我们讲解:正常人不受污染的血液是什么样。我的血液中红蛋白是什么样子。从显微镜中我们看到受污染的细胞形状是不一样的。儿子好奇地问这是什么引起的?指着一种暗绿色的像花形状的图案,医生告诉我们这是吸烟污染的。儿子说我们不吸烟,医生说那就是"二手烟"污染的。儿子并不清楚什么是"二手烟",当时检查的人比较多,医生不能详细地给我们讲,给了我们一个小本,里面是细胞的基本常识,要我们回家自己去看。

图片给儿子留下的印象很深,因此结合这些内容我们大概能读懂。

这本小册子告诉我们:"抽烟是一种不健康的生活习惯,抽烟对人体具有危害的。"尼古丁,一支香烟所含的尼古丁可以将一只小白鼠杀死。儿子看了非常吃惊。

"二手烟"是香烟、烟斗或雪茄燃烧时,飘出来或吸烟者抽烟时呼出的一种混合烟雾。在许多场所中,"二手烟"是人们最常接触到的污染物。抽烟时喷出的烟雾可散发超过四千种气体和粒子物质,大部分物质都是强烈的刺激物,其中至少有四十种可引致癌变。在抽烟者停止吸烟后,这些粒子仍能停留在空气中数小时,可被其他非吸烟人士吸进体内,亦可能和氡气的衰变产物混合,对人体健康造成更大的伤害。儿子说一定要离吸烟者远远的。

"二手烟"除了刺激眼、鼻和咽喉外,它会明显地增加非吸烟者患上肺癌和心脏疾病的机会。如果儿童与一些吸烟人士同住的话,他们的呼吸系统更容易受到感染。包括咳嗽、气喘、痰多、损坏肺部功能和减缓肺部发育等;全球每年有上百万人因患各类疾病而死亡,其中吸烟者约占25%。为了使这样的悲剧在下世纪不再发生,联合国制定了戒烟日。我告诉儿子这日子

与民族英雄林则徐有关,并给他讲了林则徐的故事。他听完竖起大拇指说:"向林前辈学习!"

三

我清楚儿子年龄小,很可能经不住诱惑,于是在家用POWERPOINT做了一个小课件。和他一起看,边看边给他讲解。有如下几副画面和文字。

婴儿在母体内遭受烟污染痛苦挣扎的画面。儿子看完说:"母亲不能吸烟!";一群小学生躲在墙角互相吸烟取乐,他们的行为儿子说难看,一点不帅,还不像好人;成年吸烟者引致盘骨炎及背痛痛苦的表情。有严重背痛的人大部分都有很大烟瘾,这是由于吸烟会引致流向关节盘的血液减少,关节盘因而提早退化。"吸烟会引致关节炎。"孩子看完他说他父亲的背痛就是吸烟吸的。青年人过分吸烟喝酒出现的突发性死亡、中年人中风的图片。边看我边给他讲解:"中年人吸烟会引致多种脑部疾病,会减低脑部之氧气及血液循环,引致脑部血管出血及闭塞,导致麻痹、智力衰退及中风。中风原因是吸烟导致脑部血管痉挛,使血液比较容易凝结。吸烟者中风机率较非吸烟人士高出两倍"。我们继续看:老年人不停喘息的图片。边看我边讲解:"吸烟会使脂肪积聚、血管闭塞,吸烟者容易患冠状动脉心脏病。因吸烟而导致的心脏病死亡率占全部的25%,50岁以上吸烟人士的患病率提高2倍,50岁以下吸烟人士的患病率提高9至14倍。吸烟令血管收缩,减慢血液及氧循环,最终导致血管壁变厚,诱发冠心病及中风。吸烟会令手脚血液流通完全受阻,以致截肢。"

看完后,儿子问我是否可以把这个给他,他要拿到学校给他们的同学看。我答应了他,并跟他们的班主任取得了联系。几天后他告诉我,他和他的同学表示:"拒绝吸第一支烟,做不吸烟的新一代!"他还告诉我:"班主任说把每个同学书桌里的打火机都拿出来,放在讲台的抽屉里,大家一起收集。当时全班就拿出20多个,其中有一个三国里的张飞,是我没看见过的。全班同学都欣赏了那些打火机。我们觉得这些小艺术品做成打火机怪可惜的。"孩子收集打火机是一种无奈,我想潜心发明、制作打火机的人也是一种无奈吧,这是社会的大环境使然。那么为什么不可以展示一些细胞被污染、中风、各种疾病的图片,提醒吸烟者和饮酒者:尽量少喝,尽可能不喝!同时我们也呼吁那些生产酒家不要再生产这些对孩子有诱惑力的小纪念品。

孩子的成长离不开社会环境,社会环境如同空气,时常被污染。苍白的说教是没用的,让孩子去体验,既照顾了孩子的自尊,又有效地进行了引导。

梅杏儿

——扭曲的人性教育

梅杏儿,没人性的谐音。

在苦难浸泡的童年里,杏是我唯一的伙伴。很长一段时间她一直印在我记忆的底片上。

"文革"初期,杏的父亲看上了我家房子的位置,利用造反派拆毁我家房子的机会,在我们院子里盖起了五间瓦房。原来我家院子里的杏树正在她家的东屋窗根下,我们两家成了十分紧密的邻居。杏知道了这件事后总觉得她父亲做得很不地道,善良的杏对我们心存愧疚。

杏家的五间瓦房宽敞明亮。中间是堂屋,东西屋里摆着四个6尺长的红色墙柜。柜上的那把大锁,锁住了我对里面财富的所有幻想。

我们的房子只有她们房子的三分之一大。西山墙和后墙是用石头垒起,前面是用土坯。房顶不是瓦而是山坡的黄草、带树皮的木板及苫。屋里面,是黄土泥挂面。屋子里的可用空间不是很大,有15平方米。朝南开一扇用三个木棍几根高粱秆拼凑的简单窗户,走东门。从南面墙根起用土坯垒起大约有三米多长,宽2米睡觉的地方叫炕。紧挨着炕是个锅台,炕和灶台之间有个高不到半米小土墙把二者分开。靠北墙放着一个用荆条编的大圆

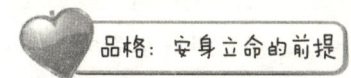

囤,据说是盛粮食的,但往往什么也没有。然后就是简易的放案板的土台和水缸并列。年月久了,黄色的土墙面被熏染成了黑色。

看着寒酸的自己家,我在杏儿面前觉得很自卑。杏儿觉得我家的贫穷是因为她家的缘故。于是彼此扯平,我们就成为好伙伴。那时她父亲是禁止她和我来往,要她与我划清界限。杏就是选择我做她的朋友。按她的话说:"与我共患难。"

玩耍是儿童的天性。杏总是在打猪草前要玩个痛快,不管是早是晚。因为这,他的父母没少骂她,我劝她也不听。有一年夏天,放学太阳就落山了,我们决定去近处打猪草。那有我们村唯一的一口水井,离井一丈远有个六棱大乌龟石头,石头上面有七八十个碗口大小不等的凹槽。因此这里是孩子做游戏最好的地方,最多的时候可以容纳十几个七八岁孩童同时在上面玩,石头被我们摩擦得很光滑。那天放学已晚没人在上面玩,杏快速往大石头跑去。我知道她要抢占石头上那个最大的凹槽,那样玩起来就不是一会儿。回家晚了她又得挨骂,但我左右不了她。我们刚爬上大石头,游戏用的小石子和土还没全搬上来就有个人来这里挑水。我仔细一看是杏的父亲!心想不好!杏专注玩了,没注意来人。我立刻捂住她的眼睛对她说:"不好,来人了。现在只有一个选择,我们俩立刻从石头上出溜下去,躲到石头的后面。"也许是我用手捂住她的眼睛力气大,杏挣脱着大声说:"不管是哪个王八蛋来,老子我也不怕!"她的声音在山谷里回荡。只听杏的父亲大吼一声:"你这该死的丫头,你给我滚下来……"杏在他父亲的骂声中被押回家。即使这样也没忘记回头告诉我:"露,明天我陪你玩!"听了这话我很感动,小伙伴为了我过早地"背叛"了自己的父亲。

杏对上学不是很感兴趣。时常因不能完成家庭作业被留下。但她仍然上着学,按她的话说:她上学就是为保护我!那年代,哪位教师班级里有个黑五类的孩子就如同遇到灾星一样。因此我小心翼翼,生怕作业写错一个符号,作业本被撕得粉碎。有一次语文老师让书记的孩子(玲)和我一起到黑板去写生字。结果玲写错,我写对了,老师让我替玲罚站。我知道自己只

75

能如此。强大与弱小是一道鲜明的分界线,它决定了人生的平台和生命的质量。善良、正义的杏是不怕的,她突然站起来跟老师叫板:"是陈露写的!大家都看到的,写对了怎么还罚站?还讲道理不?"她俨然是我的保护神。杏的"拔刀相助"让我感动得流泪。心想:杏!你永远是我的好朋友!你的善良,你的正义感温暖着我。

杏12岁的时候她父亲做出决定让她哥哥上学,让她去生产队劳动挣工分。其理由是女孩念书也嫁人,不念书还嫁人。16岁时杏已经出落成一个标准的大美人。高挑的个子,柳叶眉毛,杏核一样的眼睛,鼻梁很挺,有一点翘,白里透红的皮肤。她常跟我说有人给她介绍对象了,但她想到平原去,到山外去。

意想不到的是他父亲决定:让杏给他哥哥换亲。对方是河北小西天村的。听杏儿说那里只住着11户人家,并且都住在山顶。她说得很玄乎,说那山高得能摸到月亮。那男子比她大六岁,女方跟她哥哥一般大。当时杏对我说:"打死我,我也不去!我还想找个婆家离开这山沟。不但没离开山沟反而去了山顶,这门婚事绝对不答应!"她跟我说起的时候语气很坚决。就在那年的夏天我离开了那村子。后来听说杏在四个男人的"保护"下被一头毛驴驮到了小西天,给她哥哥换回一个水灵灵的嫂子。她没能改变她父亲给她安排的命运。

二

在我居住区的街道口有个早点摊。摊主是与我年龄不相上下的中年夫妻俩。女主人头发斑白,表情冷漠。岁月在她的脸上不客气地留下了印痕——额头、眼角深深的皱纹,那双失去光彩的眼睛总觉得似曾相识;她的手冻得红肿,按她自己的话说是年轻的时候冻出了根。松松垮垮的衣服外面套着一个有着不少油渍的大褂。他们有一个上小学6年级的女儿。早点很简单就是小米粥、冷面、豆浆、烧饼。烧饼是由女主人来做,摊位正在十字路口。早起上班等车的职工、赶着上学的孩子和家长、附近建筑工地的民工都到这里吃早饭。我和孩子时常到这里来吃早点。每天早晨几乎都能听到

相同的声音,看到相同的表情。

"过来孩子,姨给你烤两个最酥的烧饼。"女主人说着话,她的眼睛却瞟着那孩子的母亲。

当一个背书包的小女孩把一只白皙的小手伸到她面前,不好意思地大声说:"阿姨给我两个烧饼!"

她仍然忙碌,说:"这位大哥,这些日子在哪发财?好久没来看到您咧。来给你来一碗热豆浆!"就在说话的工夫,一碗满满的馋人的豆浆放到了那位的面前。再随手拿两个滚热的火烧递给那人。

"阿姨给我两个烧饼!我要去上学,要迟到了!"那小女孩焦急地说着。

"儿子该上学了吧,赶紧吃,小子!"说完给我盛出一碗孩子喜欢吃的冷面。小女孩带着哭腔,我似乎看到小时无助的自己,我把那两个烧饼给了那个小女孩。小女孩高兴地说:"阿姨,谢谢您!"给我深深鞠了一下躬。女主人说道:"小孩真烦人,没眼力见。"我听了这话心里很难受,感觉女主人很是势利眼。

日子就这样周而复始,不到半年的光景早点摊的生意越来越不好了。终于在某一天的下午,街口我见到了他们夫妻摆起了水果摊。

"不做早点了?"我问。

"不弄了,不挣钱。"女主人答道。

"那位置很不错,应该没问题。"

"谁都这样说,但就是不行。唉,没办法。我就这个命,干什么都不行。"

"孩子上中学了,好面子,觉得让同学看父母是做早点的不好意思,不让我们干了。这不,只能摆水果摊。"她边把最大最新鲜的水果码放到上面边对我说。

"哎呀,你们多好,风吹不着,雨淋不到。你看我,起早贪黑的赚这几个仨瓜俩枣的钱。"她摊开两手满脸失望地说着。

"很多人开始的时候都是小本经营,后来规模越来越大。"我说。

"我也希望如此,就这样先干着吧。"说着话儿过来一个民工。

"苹果怎么卖的?"

"两元钱一斤!"在这苹果丰收的秋季,普通苹果2元钱一斤真的很贵,我心里想。

"这么贵呀?"那个民工说。

这时候一辆黑色的奥迪停在了路边,从车里下来两位气质不凡的中年男人。女主人热情地招呼:两位大哥是去看朋友还是回家看父母呀?看朋友我这里有甜脆可口的富士大苹果,卖给您1.5元一斤;回家看父母我这里有新鲜的香蕉,也很便宜的!您来哪个?那热情,那满脸的笑意让任何人都没有理由拒绝。

"共98元!"中年人提着两塑料袋水果上了车。

"您为什么卖我2元,卖他1.5元?"操着浓重口音的四川民工质问女老板。女老板拿起她身边的一本厚厚的书斜着眼说道:"你能用100元买水果吗?2元都挣不了你一角钱,吃不起早说!""你!"民工用手指着她说:"你还真会看人下菜,把买水果的人分三六九等不成?"

她的冷漠让我浑身打战。

"就是!我不分三六九等,卖给你这样的穷光蛋我还不去喝西北风吗?"也许是"穷光蛋"三个字让那民工思绪万千。一个大男人竟眼里闪着泪花哽咽地说:"要不是我的病友想吃,打死我也不来买!"听到这,我很难受,很希望自己买点给他。这时听到女主人又说:"见你们哭穷的人多了!你看这位,她把手指向我,她肯定不问价!买一个苹果还嫌贵。"她的话让我脸红心跳。在她的意识里我是大款?

就在我要转身离开的时候突然发现女主人看的是《社会心理学》。好奇心让我又转回来。

"还有兴趣看这书?"

"她饭不吃,活不干就爱看书,实际不认识一千字。看了半天书也没长多大的本事。"很少开口说话的丈夫说道。

"就你这傻玩意,找你是倒霉了!我的命怎么这么苦呀。嫁了你这么一

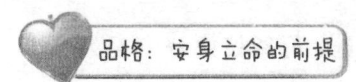

个废物!"

"只不定是谁倒霉!你找的怎么都是废物,还是自己不怎样,看你那德行!"她丈夫对她吼道。

听到这话女主人疯了一般扑过去,揪住了男人的头发。看到这情景吓得我浑身发抖。

"怎么说着就打起来了?都是我不好!"我把女主人拉到一边。

她哭泣着向我讲述着她的历史。听着听着,我睁大了眼睛,你是?!

"梅杏!"

"你?"

"我是你后院的陈露呀!"我双手按着她的肩膀,跺着脚说。

"啊!露露!天呀!"她一会儿摸我的脸一会儿搂住我的脖子。不停地叫着:"你是露露!该死的你,我还以为这辈子见不到你了。原来早就看到你了,你的变化怎么这么大?小时候又小又瘦,现在……哈哈!她端详着我继续说:我回家几次问你们的消息。他们对我说你们搬走后一直没回来。"

"是的,我离开那里24年没回去过了。也不知道那个大乌龟石在不在了?"

她往后退一步,继续打量我说:"小时候学习不如你,现在生活不如你,这是为什么?"

她转过身对她丈夫说:"强,这就是我常跟你说起的陈露。那时候她整天对天空发呆。脑袋瓜子鬼精鬼精,无论我怎样学都超不过她。"她的丈夫对我微笑着说:"她时常提起你,你可要帮我好好说说她,她的思想有问题!"

"什么问题?"她瞪眼,愤怒地说。

我担心他们再吵起来说,"哎,讲讲你这些年都在做什么?小时候的影子怎么一点都没有了。"

我把她拉到离她丈夫远一点的地方问:"这是你小西天的那个丈夫?"她瞪我一眼,这一眼让我看到小时候她熟悉的表情。"小西天?那个穷鬼早让我给踹了!你不知道,开始我也认了,为了我哥哥。可是我那婆婆太霸道了,宠她儿子,每天早晨让我到山下去挑水,全是山路。她越说越愤怒。转

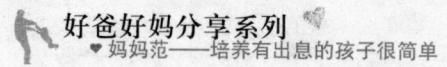

过身让我看她的后背:"你看我都驼背了,就是那时候挑呀、背呀压的。"

"婆婆霸道,男人又懒又馋,渐渐最初的那点想法就被实际生活给磨灭了,开始厌倦了这日子。"杏继续说:"我父亲不同情我,觉得出嫁的女儿泼出去的水。我也没指望他能关爱我。后来分田到户,没一分好地,孩子上学的钱都没有,就外出打工。外面的世界让我明白:人不为己天诛地灭,善良、正直那是傻!两年后离了婚,嫁给了他。"杏斜视了她丈夫一眼。"没想到我命这苦,他的母亲根本就不接受我。我的女儿都这么大了,他们还跟孙女说你爸找个大姑娘都没问题。不接受我拉倒,借钱在这买了个临街的房子。唉,生活中一点让我感动,让我温暖的事情都没有!"

杏低下眼,双手摆弄着我的衣角:"本想找个吃皇粮的,哪想到没几年,就这么惨,下岗了,事没了。我的生活你都看到了。你看我,我的命怎么就这么苦。我在不停地奋斗着,怎么越努力越穷!"

这时候一个中年女人抱着一个被切开的西瓜对她嚷道:"你们俩口子会做生意不?为什么把烂西瓜卖给我们孩子?你看看这瓜能吃吗?二元一斤,花20元买一个大烂瓜。"

杏匆忙跑过去说:"里面什么样我也不知道呀?"

那女人说道:"里面看不到,外面看到了吧?你看外面烂的这大片!"

杏继续狡辩:"你儿子也没说自己吃呀,说是串门。"

"啊,这么说你是故意的?"

她的丈夫瞪了杏一眼:"我们再给你换个好的。"

"当时为什么不看好,我怎么知道你是从我这买的?"杏还在争辩。

这时候她的女儿冲过来说:"阿姨我来给您换!"

杏高声嚷着:"你这败家子!"

……

听着他们的对话,我头脑中那些破碎的记忆,渐渐复合为一个模糊的形象。只是这形象,怎么也不能与眼前的这位女主人重叠。我觉得当年的杏与眼前的"女摊主"是截然不同的人,眼前的杏如同一个陌生人。

是否自幼就缺少美德教育,还是她父亲的行为在她幼小的心灵早已扎了根,我不得而知。

5353路客车
——"虚荣"教育的恶果

尊老爱幼是中华民族的传统美德,但在现实中,尊老爱幼的天平出现了倾斜,"四二一"式的家庭教育,过分偏重于爱幼教育,后果将是什么呢?

"哗啦"一声巨响,一辆白蓝相间的小公交车像一匹气喘吁吁的老马停在我的面前。这一声巨响让我心理一颤:"这车安全吗"!那一声巨响很复杂:有司机不合时宜的刹车声,有车体和玻璃的震动声,还夹杂着车门开启时的撞击声。一句话:除了喇叭不响,啥都响。

一位四十多岁的售票员探出脑袋说:"还有一个座位,快上来!"从乡下回县城的车很少,天色又已晚,坐车的最大愿望莫过于有个座位,有了座位的人就像捡到了金元宝一样幸福,当然我也不能例外!我快速踏上了公交车!戴着金灿灿项链的女售票员顺势拉了我一把。上车后司机把那根,一头拴在司机的座位下面另一头连着车门的已经发黑的红布条用力一拉!门咣当一声关上!这使我想起了小时候用箩筐逮麻雀时的场景:"小鸟!瓮中之鳖!"

空座是在最后边临窗的那个位子,我从那个胖胖的,头刮得锃光瓦亮半个屁股坐在车位上,半个屁股悬在半空中的男子身边挤过去。

因为有座位,很舒适,也很安逸,于是我开始打量起车内。光头在闭目养神,看他的样子,像是在努力把光和热从电灯似的脑袋上发射出来。走道右边那个戴眼镜的男生在看,与其说是在看,倒不如说是在闻。我前面座位上的那对情侣在窃窃私语,由于车的噪音很大,听不清他们在说些什么,只能听到女孩如丝般的娇柔笑声。我半眯着眼睛,把车体震荡超过了八十分贝的噪音权当欢快激昂的打击乐来听。

"哗啦"一声,车停在了一个十字路口的右边。光头男子突然睁开了眼睛,自语道:"哎呀,到站了。"便起身跳下了车。司机猛拉一下布条,车门打开。光头跳下车,接着上来了两位乘客。

小的是一个十几岁女孩儿,身着到膝盖牛仔裙,黑红相间的格色小衫。头发短而卷,像个菜花,脑勺部位头发很长。老的是一位妇女,头发花白,又瘦又黄的脸上皱纹纵横。女孩一上车就坐在了光头的空位上。老妇右臂弯里挎着鼓鼓的书包,书包上还搭着一件蓝色的校服。她见女孩坐下来,欲言又止,只好抓扶着女孩子坐的椅背站立着。

那个男生不再看书,那对情侣不再私语,我也不再分辨什么打击乐,每位乘客都把目光投向这一小一老。我在猜测她们的关系:老妇是女孩的奶奶或者是姥姥?

女孩坐到位子上,就从口袋里掏出手机。一边从口袋里掏出薯条往嘴里塞,一边心安理得地玩起了游戏,连看都不看老妇一眼。老妇就那样站着,眼睛看着窗外。

这时,老妇发现女孩儿在吃薯条,就说:"你胃疼,都是吃薯条吃的!"

女孩嘿嘿一笑说:"我骗你的,我胃才不疼呢!"

二

车在急驶,把地面的风送到了闷热的车内,车内两代人在对话。

老妇说:"你逃学?!没去补习英语?"

女孩儿翻了一下白眼说:"就逃了,气死你!逃学也照样拿全年级第一。"

老妇说:"我告你老师!"

女孩儿说:"老汉奸,告也没用,老师不会听你的。老师特喜欢我,我在学校不用擦黑板不用扫地。我考全年级第一,她能长工资拿奖金。"女孩边

说边美滋滋地摇着头。

老妇说:"回家把你的头发理一下,那还叫人头吗?"

"老土,老师都不说我,表扬我有个性,你瞎操心。"女孩边说话边往嘴里快速投掷着薯条,十二分不满地哼哼着。

老妇没有再说什么,眼睛又看向窗外。那只沉重的书包,随着车的加速减速左拐右转,在她的身前晃悠着。我这个人就爱瞎想:为什么会这样?哦,我想起来了,想起来前些天在网上和网友聊过的一番话。她说:你知道现如今世界上有几种人? 我说这不是个问题。有两种人,你是一种,我是一种。他说:你只对了前一半。是学校的人和社会的人。学校的人只想着拿高分,社会的人只想着发大财。

"哧……嘎"一声,为了躲避一个横穿马路的行人,司机来了一个急刹车,我们向前冲了一下又弹回到靠背上。同时,我们都看见老妇的身体像被人扯着一样向前甩去,她的左臂被扯得笔直,右臂弯里的书包也向前飞了去,随后连人带书包又弹回到椅背上。车上的人和车下的人都是有惊无险。司机恶狠狠地向窗外骂了一句:"今天撞不死你,明天也得撞死你!"

车又开动了。一车人都坐着,就一个比我们任何人都年长的老妇站着。大家都像偷了人家的东西一样,谁也不敢看谁,谁也不说话,机械地目视着前方。这样的情境维持了好长时间,好几站过去了,竟然没有一个人下车,也没有一个人上车。

又过了两站,车门开了,没有人下车,但终于有一个人上车了。上来的是一位妙龄女郎,人长得挺漂亮,却留着一个叫花子头,头发在定形胶的作用下光芒四射。我给这种头饰起了一个自认为很形象的名字,叫"刺猬进入防御状态"。两个鸡蛋大的金圈圈吊在耳垂上,超短裙,白色高跟鞋,红色小挎包。对于这样的女孩,我一般是没什么好感,但这次却是意外。她看看大家,看看老妇。

说:"你们谁为老人让个座呀?"

没有一个乘客理她。我虽然对她的爱心有了些好感,但也没吭声。她见没有人说话,也没有人让座,就问老妇:"你到哪儿下车?"老妇说:"医院!"妙龄女郎说:"还远呢。"然后转身又对我们说:"你们怎么都这样呀,让老人就这么站到终点吗?"老妇不好意思地说:"谢谢你姑娘,不用不用,我不累!"我猜老妇一定在想,要让座也该是她的孙女,而不该是别人。妙龄女郎看到老妇臂弯里沉重的书包,再看看旁边坐着的女孩,似乎明白了一点什么。她俯下身子微笑地试探着对女孩说:"你给老奶奶让个座好吗?这车里就你的年岁最小,要讲文明懂礼貌!"我们都期待着她能成功,因为他说了我们每一个乘客想说又没有说的话,想做又没有做的工作。女孩先是不屑一顾地看了妙龄女郎半天,最终从一嘴薯条的缝隙间,蹦出了一句话。其实,那一句话也就是一个字:"×!"除了那个妙龄女郎,谁也没有听清那个字是什么。反正妙龄女郎生气了,脸上的微笑霎时间消失得干干净净,只有那两个金圈圈在猛烈地击打着她的脸蛋儿。她也不去理谁了,噘着小嘴和老妇背对着背站在那里。

车又过了一站,妙龄女郎身边那个看书的男生下车了,妙龄女郎毫不犹豫地一屁股坐在了那个座位上。刚才的局面又形成了,一车没有一个比老妇年龄大的,都坐着,就老妇一个人站着。又是好几站,同样没有人上车也没有人下车。

三

小女孩一直在打她的游戏,我偶尔看到画面上一把刀砍下去,而后是血光四起。妙龄女郎开始还是僵直地坐着,而后把包放在双腿上,从包里拿出小镜子照着,对着镜子笑笑做鬼脸。我前面的那对情侣又开始窃窃私语,一不小心,他们的声音提高了好多。我看着窗外。天空辽阔,马路很宽,可感觉什么东西被挤在一个狭隘空间里,总让人喘不过气来。

这时不知谁放起了歌曲,一浪接一浪地从车厢的前半部向后半部。"我爱你,爱着你,就像老鼠爱大米……"欢快的歌声压住了噪声。

我发现——我的右脚不由自己地跟着那激情飞扬的节奏在踏动,就像司机的右脚不时踩踏油门和刹车一样。我想其他的乘客是否和我一样呢?

我左右环顾,发现其他乘客都和我一样,就连一心一意打游戏的女孩,也在条件反射地以脚跟为轴心,一深一浅地踏动着。突然我联想到司机会不会也这样,要是他猛然踩在油门上会怎样?惊出冷汗,我数了数,连司机一共是十八条生命呀。

但危险还是发生了。危险往往不是发生在我们意料到的部分,而总是发生在我们没有意料到的部分。老妇坐下了,不是坐在了座位上,而是坐在了地上(车的地板上),好像是突发的心脏病或者是脑出血。她的脸色蜡黄,嘴唇发黑,双眼紧闭,但她还紧紧地抱着那个鼓鼓的沉重的书包。有人大声喊着:"司机,有人昏倒了,快往医院开。"司机回头,车慢了一下又快了起来。司机说:"前站就是区医院。"司机加快了速度,并不断地鸣笛,妙龄女郎半蹲半坐地扶着老妇。我抢过女孩儿手中的手机,大声喊:"谁知道心中医院的急救电话?"一个男子告诉了我。打通了电话,我向医院通报了情况:××路,牌照为5353号公交车上有危重病人,请组织医护人员接应!

5353号公交车直接开到了医院门诊楼的自动玻璃门前,医护人员已经等在那里了。我,妙龄女郎,那对情侣,还有那个给我电话号码的男子,在医护人员的指挥下,七手八脚地把老妇弄上了推车。通过急救通道,以最快的速度,把老妇推进了急救室。不知道为什么我们都没有走开,在急救室门口等着。那对情侣依偎着站在一边,我,妙龄女郎和那个男子站在另一边。走廊两边所有供我们坐的座位都空着,可我们谁也不想坐,好像我们在公交车上都坐够了。那个女孩儿现在也是站着的。我们问她什么,她什么都不说。

大约有二十分钟的时间,老妇被推出来了,她是露着面孔被推进急救室的,出来时面孔全被蒙上了。医生问我们谁是她的家属,我们面面相觑,最后都把目光指向那个女孩儿。医生就和那个女孩儿说:"打电话叫你的父母来交费!"女孩儿先是不情愿,但后来还是说:"我……爸妈……没有钱。"医生说:"没有钱?"女孩儿说:"下……岗了,我爸……捡破烂儿。"医生一听就急了,脱口说:"没钱还穿名牌,玩手机!"那医生拽了拽她的衣服。女孩儿抬起眼结巴着说:"父母告诉我,不能穿的太差,那样别人看不起我们!"

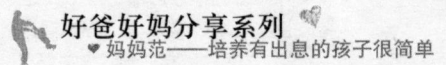

在医生和女孩儿交涉的时候,妙龄女郎说:"我们还待在这干什么?"是呀,我们还待在这干什么?还等着什么不愉快的事情发生吗?尔后,我们的眼睛互相传递着一个共同的信息,——溜掉吧。

父亲的茶道
——学会舍得

屡遭挫折、生活诸多不顺的我,带着满脸沧桑回到了父母身边。父亲似乎一下子就看出了我的沮丧。

晚上我们围着饭桌坐下,父亲一改用紫砂壶沏茶的习惯,找了一个大玻璃杯子来沏茶。"那个紫砂壶坏了吗?"

父亲微笑着说:"没有,用这个你能看到杯中的茶叶遇到热水后的情况。"

听了父亲的话,我盯着茶杯仔细看:茶叶在遭到热水的袭击之后,如同猛兽遭到人类的袭击一样上下翻滚,左冲右突!几分钟后,它们变得平缓,慢慢沉入杯底。

父亲说:"你看,当茶叶被滚烫开水当头浇下时,惊慌翻滚,茶叶要是有生命的话一定痛彻心脾。这个过程如人生:激情时热血沸腾!心气浮躁者纷纷上浮;随着水温的徐徐降落,踏实了!"不愧是饱学经书的父亲,说出的话句句有哲理!

片刻,茶水凉了、浅了,父亲又注入开水。

我看着,思考着。

那杯中的茶叶体验着灼热与温凉的交错,翻滚的惊喜与沉淀的寂寥,最终安逸悠闲了。每片茶叶都在冷热之间随水明澈。那么人是不是也这

样呢?

父亲见我没言语又继续说:"人生就像这杯中茶呀!有得有失,是个不断得失的过程。不管你喜欢不喜欢,得与失总是伴随你一生。人们似乎过分在意获得,而痛情失去。得了,心满意足喜形于色,甚至贪得无厌不择手段;失了,沮丧不已自我消沉。其实,把得失看得太重了,往往于不经意间就丢弃了一个人最不可缺的东西:诚信、人格、自尊。得到的自然要珍惜,对于失去的,同样要理智对待。"

父亲的话让我心头酸楚,我那不争气的眼泪夺眶而出。

父亲酷爱喝茶!

早晨起来,一杯浓茶;中午干完农活回家洗完手,先沏上一杯;晚上更不必说。

母亲说:"饭不吃可以,茶不喝不行!"我们兄妹几人不管去哪里只要有地方名茶,必然带回。花茶、红茶、绿茶;苦茶、龙井、大红袍、铁观音、紫阳茶各类品种没少喝。相应的茶杯也买了不少。

父亲不但自己喝茶也要求我们喝。

他给我们讲故事:"诸葛亮率领三军路过茂密森林地带。森林里有很多兔子、狍子、野猪等。他们捕获到一头大野猪,准备煮肉吃。为了让士兵有战胜敌人的信心,诸葛亮让厨师把锅盖拿开,让肉的香味飘到每个角落。军营师傅点上柴也加入士兵堆中兴奋地聊天。一小时后,大家认为肉已经熟透,坐好准备开吃。军营厨师到锅前一看大吃一惊!一块整肉没有!成肉汤了,粥一样!骨头和肉跑哪去了?难道是敌军所为?大师傅一想大事不好,立刻告诉军师诸葛亮。诸葛亮前往观看。当他抬头的时候发觉锅旁的几棵高大树木的叶子在热气熏蒸下都掉光了。地面较少,显然是掉进了锅里,溶化了骨头和肉。这叶子为什么这么神奇?于是下令采摘几大袋子,带回军营亲自品尝研究。这一品尝才发觉这些叶子能治百病!"父亲讲时我还真信。

父亲很少用说教的方式,而是身体力行。为了避免我们舀凉水喝,他在下地劳动之前,先给我们倒一杯茶水准备好。等我们洗漱完毕,茶水也正是喝的温度。多少年一如既往,不管是谁到家,无论是长辈、小辈,见面礼肯定是一杯浓香的茶。

天南地北的名茶喝了几年后父亲说:"以后就给我买黄芩茶吧,其他的不好喝。"我们很吃惊地看着他,觉得不可思议!龙井不好?紫阳茶不好?那可都是皇帝老子才能喝的,古代都是贡品!难道是怕我们花钱?母亲看到我们的疑惑解释到:"你爸就喜欢喝那高山顶的味道,就听他的吧,30年的习惯也改不了了!"

我猛然想起,的确从我有记忆时起,父亲就喝一种茶,那茶根本没有茶叶的样儿。山茶仅仅是一种叫黄芩的植物的茎叶,绿中泛黄,十分不受看。就是这种茶他从春喝到冬,从早晨喝到晚上。每年他带领我们要做一件事情:端午节前后,我们上山将黄芩的枝叶采集回来洗净,然后放在煮粽子的锅中蒸,蒸后晾干;再放进蒸笼中再蒸,再晾干,如此三四次。干后搓碎再将其放入密封的容器中。冬季农闲时候,左邻右舍的大爷大妈们聚到我家,守着火盆,喝着黄芩茶,听他们讲各色古籍。

父亲时常对我们说沏茶要大火急沸,不要文火慢煮。以刚煮沸起泡为宜,用这样的水泡茶,茶汤色味皆佳。如水沸腾过久,即古人所称的"水老",此时溶于水中的二氧化碳挥发殆尽,茶的鲜爽味便大为逊色。未沸滚的水,古人称为"水嫩",也不适宜泡茶。水温低,茶中有效成分不易泡出,使味低淡,且茶浮水面,饮用不便。

针对茶的品种产地不同,他又对我们补充说:"泡茶水温的掌握,主要看茶而定。高级绿茶,特别是各种芽叶细嫩的名茶(绿茶类名茶),不能用一百度的沸水冲泡,一般以80℃左右为宜。茶叶嫩绿,冲泡水温要低,这样泡出的茶汤一定嫩绿明亮,滋味鲜爽,茶叶维生素C也较少破坏。而在高温下,茶汤容易变黄.滋味较苦(茶中咖啡碱容易浸出),维生素C大量破坏。泡饮各种花茶、红茶和中低档绿茶,如乌龙茶、普洱茶和沱茶,每次用茶量较多,而且茶叶较粗老,则要用一百度的沸水冲泡。如水温低,则渗透性差,茶中

有效成分浸出较少,茶味淡薄。为了保持和提高水温,还要在冲泡前用开水烫热茶具,冲泡后在茶具外用开水淋一淋。"

看着杯中的茶,想着父亲的话,人生的遭遇让他对生活有了更深的感悟。在父亲的眼里,失去何尝不是一种解脱,一种大悟,一种美丽,一个新的起点。我终于明白,他平反后政府要给他恢复工作,他为什么宁肯当农民也不愿意恢复原职。

父亲让我们喝茶不单是让我们有个强健体魄,还让我们学会沏茶、品茶。这个过程本身不就是让们慢慢品味人生、读懂人生吗?

人生就是在得与失中反复行进。

如今我也像父亲一样,把喝茶、品茶的习惯传承给孩子。民族的饮料也是世界的饮料,同时它也是人生路上的一盏灯。

爷们儿
——错误的男子汉标准教育

一

学校的东墙外有个东北小饭馆,饭馆不大。外间是大圆桌,里间是小长条桌,四个人的位子。那天犯懒,我想在小饭馆随便吃点了事。

老板娘热情地欢迎我:"您在里间吃吧,一会儿学生们就来,外边太乱。"

"您这里还有学生来吃饭?"

"对呀,他们是我的主要顾客!他们说学校的饭不但贵,量还少。"

学生们说的并不是瞎话,学校的饭菜是越来越没法吃了。两个菜加在一起才一勺,那勺子还得再掂掂,唯恐勺子里的菜高出水平面。

就在我的饭被端上来时,听到外边一群人进了饭馆,我关上了门。

"今天,你们要是爷们儿,就听我的,咱们吃饱喝足,零头你们9个分着出,整数我出,行了吧!够爷们儿吧?"一名学生拍着胸脯说。

"行,就这么定,不许反悔,谁后悔谁就不是娘养的!"

"那,上晚自习,迟到了怎么办?"

"统一口径,就说宿舍老师让咱们打扫卫生。"

我在里边听得十分真切,通过声音判断出是我们刚分的那个文科班的男生。好奇心让我把门悄悄拉开一条缝,向外扫了几眼。还真是!16个男生,来了10个,其中有几个是住校生。

刚才说话的那位学生是小B。

"嘿,老大,门卫不让进咋办?"

"你傻呀,是爷们儿就跟我翻墙!"小B拍着胸脯说。

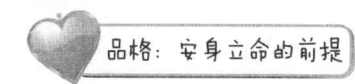

天呀,就小B瘦得跟电线杆一样,还能当老大?!我心里嘀咕着。

我对他没多大好感。高一教过他的老师说他纪律散漫,是打架斗殴能手,除学习外,其他都行。给他们上了一个月的课,发觉他上课总是懒洋洋地趴在桌子上。眼睛本就不大,还喜欢斜眼看别人。个子很高,很瘦,不像是打架能手。一次我用责怪的口气询问:"为什么不带课本?"他双手托起下巴,眯细着眼睛看我。不等他说话,我赶紧走开,我怕他顶撞我,让我在学生面前下不来台。每次回答问题时就两字:不会。站都懒得站起来,不屑一顾的神态。

"老板,拿包红塔山!来,每人一只,抽!"

还真抽好烟!难怪每次走近他都闻到怪味。

外屋传来学生们不停地咳嗽声,显然,会抽的不多。

"哥们教你,这样拿烟!"

我的心在受煎熬,不知道该怎么做。

校内我是他们的老师,校外我仍然是老师。老师应该制止学生的不良行为,但是他们会听我的吗?我教他们不到一个月,他们要不给我面子,那多么丢人!现在的"90后",啥都不当回事,犟劲起来谁也没辙。沉默是策略,给他们留点空间吧,我这样安慰着自己的良心。

学生们边吃边聊,声音很清晰地传入我耳朵。

他们做梦也没想到:隔墙有耳。

"娘的,高一时被班主任蒙了。"说话的是小D。他跟电线杆正好是一对,十足的小胖墩。

"到了文科,才发现敢情不像班主任说的那么好。"

"就是,我们班主任也说,'中国字你认识吧,上文科没问题。你认识它,它认识你,保准能学好。你记不住它不要紧,多背诵两遍。'"

"就是就是,上了文科,拿到高考题才发现,啥意思都不知道!"

"你是不知道文字意思,我是连字都不认识。嘿嘿!"

"特别是古文,全是文言文。"

"历史老师还说,我们的先人用优美的文字记录了一副副历史画卷,狗屁!"

"你是文言文,我是那些字。大篆、小篆、隶书、行书、草书搞得我一个头两个大,我看它们不是蝌蚪,就是螃蟹。"

他们怎么就不会欣赏美呢,我在心里嘀咕。

"大小篆就讲了四十分钟!真服了!"

我努力回忆着我讲的那堂课。看来学生没有明白,我要改变他们对学习历史的认识:死记硬背。

听了他们的话,我在反思着自己的教学。

"你以为政治好学?全是套话,更没意思!背,就是背!"

"整天背诵。今天背,明天就忘,咳!"

"学这么点内容我就背得颠三倒四,真不想学了。"

"自己选错了路,还怪别人,你是个爷们儿吗?"

"对呀,也别全怪主任们。我爸我妈也说,文科背背就行,将来工作还好。"

"小样,一个个磨磨唧唧的。"电线杆又说话了。

悲乎,哀哉,我可怜的学生。

按道理说,形象思维、跳跃式思维比较好的学生学文科应该没问题。一般学校文科男生极少,而我们这儿,正相反。

"你们是学生吧?"一位中年男人的声音。

"怎么了,不许吃饭呀?"

"怎么说话呢!你还斜眼看我。快吃,吃完立刻给我滚蛋,我要用这桌子!"

"你不滚我就不滚,你怎么地!"这是电线杆的话。

"嘿,你这缺少家教的东西!"

"我就缺家教了!有本事你去大渔阳呀!"话音刚落,就听到"嘭"的一声,像是一件东西摔在桌上,吓我一激灵。我拉开门,见一把匕首插在桌子上。

"别生气,别生气,他们不懂事。"这是老板的声音。

"你说谁不懂事!你不想开饭馆了是不是!"外面吵成了一锅粥。

"反了!你们,110吗……"

我不能再悠闲地静坐在这里,煎熬得如同油锅上的蚂蚁。

我拉开门,并没看他们,"哼"了一声后,把两百元钱拍在老板面前的桌上。学生们吃惊地看着我!"给这桌结账!你们,跟我走!"电线杆收起了匕首。

我不敢回头看,我怕他们不跟我走!

到了学校院墙外,我回过头,发现一个都不少。乖乖,十个一米七多的小伙子跟在我这一米五的老师后面。刹那儿,我发觉自己的担心是多余的,看来我还是有威慑力的。"是爷们儿,向来是正正当当地走路,不做缩头乌龟,干了事就不怕事。从大门口进去!"学生们晓得我听到了他们谈话。我护送他们到大门口,与门卫打了招呼。

那一夜,我失眠了。

二

不知道为啥,那件事后,小B与我话多起来。他主动替课代表送作业、发作业,上课也开始举手。

一个星期天,那半天就我补课。一名学生的试卷丢了,我给他钥匙,要他自己到我办公室找。他把试卷拿来,但钥匙给锁在屋里。

下课,他忐忑不安地说:"老师,今天有别的老师来吗?"

"没人,就我。"

"那您骑我车回家吧。"

"为啥?"

学生的手互相搓捏着,"您那钥匙……"我全明白了。

"我骑你车回家,我怎么回家?"

就在我们讨论怎么办的时候,小B乐嗞嗞地把钥匙递给我。

我们张圆了嘴,看着小B。

"小菜一碟!"小B得意地说。

我脑子里立刻闪现了匕首。我打了个冷战想必学生们都发觉了。

"您办公室的天窗开着呢。我往上一窜,再一猫腰,我就进去了。"小B解释道。

学生们鼓掌。办错事的学生拍着小B肩膀,伸出大拇指。

那夜,我又失眠了,脑海里竟是那把匕首。

三

"您的孩子是男孩,就做好孩子打架的准备。"小B看着办公桌上我儿子的照片对我说。

我的目光告诉他,那是歪理邪说。

他看出我的表情,"打人以及被打,都行,要是一架都不打,他就长不成男人,不够爷们儿!"

"爷们儿就是会打架的男人吗?"我问。

小B面对我的追问回答不上来,顺势趴在我的办公桌上。边端详我儿子的照片边说:"反正我爸从小就那样教我的。他渴望我成为五大三粗的彪形大汉,那样打架时候就可压死对方。"

我忍不住笑起来。心想,真是个孩子。

"看您儿子就不会打架,文文静静,一副清秀面容。要是个女孩,准是个大美女。"

我瞟一眼儿子的照片,那是他上小学时候照的。现在,已经是个大小伙子了。

"我说对了吧?"小B见我发愣,微笑着斜眼看着我说。

"我儿子,他会摔跤而不会打架。"我微笑着对小B说:"你要不信,你可以问传达室张老师,还有体育组的老师。"

"他摔跤肯定比不过我!"他自信地说。

"怎么,你的业绩能载入史册?"我有一搭没一搭地应和他。

这时候,他靠在椅背上,显然是来了兴致。

但我不想跟他闲扯,放学我该回家了。我开始收拾东西。

"我郁闷呢,活着没意思!"

我吃惊地看着他,"怎么就没意思呢?"心理疏导比知识更重要。我拉过一把椅子也坐下来。

"您知道吗,我从小就受我姑家的表哥影响。我表哥在我们那地方可号令三山五岳!"他很是洋洋自得。

他看出我的惊疑继续说:"他能把方圆百里的痞子几小时给集合起来,那气势可了不得。我小时候,我的同学,邻居孩子谁也不敢招惹我。时常拿个棍子或刀子,边走边耍,快到学校时候就藏起来,放学后再去拿。"他说的时候情绪很激动。

"也没人告诉你父母和老师?"

"我父母?都知道,他们支持我呀!告诉老师,他们没那胆!"

说这话的时候,他的眉毛扬起,眼睛圆睁,一改平时笑眯眯样子。那凶相,真令人有几分害怕。

他接着慢悠悠地说:"中考那年,父母知道我考不上高中,于是就跟学校说,把保送生的名额分给我。学校老师都知道我表哥,于是都不敢说不!"

我斜视他一眼,微笑着说:"你是没遇到我!我不信邪能压正!"

"您听我说完,有个同学知道这消息后,不服气。因为老师在班上念了保送的条件,他觉得我不够格。晚上,我把这件事情跟我爸说了,我爸又跟我表哥说了。结果在一个星期天,我那同学到外边买东西的时候,我表哥派人把他臭揍一顿,然后装进麻袋里,一下子拉远了。"

小B的讲述让我浑身一阵阵地打冷战。

好奇心又让我继续追问:"拉多远?"

小B吸溜一下鼻子,满意地说:"内蒙古大草原!"

"你们怎么可以那么干!真是没王法了。"

我没能掩饰住自己的愤怒,"那是你的同学,是一条生命。纯爷们儿都讲道义,你明白什么叫道义不?"

小B看我很气愤,低声说:"我也觉得他们有点过分了。那些日子我整天提心吊胆。您想,孩子没了,谁家家长不急?我父亲让我上学时候装个匕首,避免发生意外,还给我配备了手机。直到一个月后那同学要饭回到家,我的心才放到肚子里。这事发生后,谁还敢说不呀。于是我顺利地来到了这所学校。"

"你是不是现在还觉得打架很有男子汉气概,很爷们儿?"实际我是想知道,他现在还是否参与打架。

"高一的时候还打呢,我的床下面有一根粗棍子、一把刀子。只要是哥们儿有点不平事,招呼一下,我抄家伙就去。学校的墩布踩断了就是武器。"

小B说这些的时候,我终于明白保管始终不明白的一件事情:学生的墩布怎么那么爱坏,领的频率非常高。同时,我想起另一件事情。

高一上半年,大约中秋前后,那天我到学校比较早。当我进了校园,走到路中段的时候,身后传来急促的脚步和嘶喊声:"我弄死你!"我只感觉后背生风。

一个瘦弱的男生,被五个高大的男青年追赶,他们手里拿着棍棒和铁锹。一个瘦高男青年跑得最快,眼看就要追上,男青年用全身力气把铁锹掷出去。铁锹划了一道弧线,向男生的后脑勺飞去!我的心提到嗓子眼,不禁脱口而出:"拐弯,奔教室去!"

孩子听到指令,一下子拐弯,向教学楼跑去。

铁锹是不会拐弯的,哐当一声掉在地上。这时候,学校的保安拿着电棒追赶过来喝道:"谁让你们进来的?"

男青年没抓到他的仇人,盯了我一下。我浑身打战,一股寒气传遍全身。我首先想到:"他会对我下手吗?"好在这时候保安已经连推带搡把他赶出校园。男青年边走边说:"今天算你好运。我就不信,你待在这里不出来。"我不知道,是对我还是对那男生说的,也许是为自己找平衡。

"老师,老师!"学生的叫声打断我的回忆。

"您怎么了?"

"我想起高一时,一个男同学被校外的男青年追打,那次……"还没等我说完他接着说:"被追的人就是我,那次我听到你说,拐弯,教学楼。我得谢谢您。"

"别谢我,你不谢我,我没内疚感;你要是谢我了,我这辈子都良心不安。"

"这么说,您希望我挨揍?"

"以为你挨了一次揍,会明白一个道理。可现在,你仍然觉得打架才显男人。"

"老师,我现在不打了!"他看出我疑虑。"真的,打架不是啥好事情,自从我表哥出事后,我收敛了许多。"

"你表哥出了什么事情?"

"有一次他们闹大了,想劫持领导。"

"那是你表哥他们干的?"

"是的,那次他们知道领导要从大桥上经过,于是在大桥事先埋伏好了。不成想,那领导相当机灵,趁混乱上了一辆出租车走了。很快,110到了,他们都给抓起来,正赶上严打,于是被判终身监禁。"

听完他的叙述,我长长地出了一口气:"这就叫法网恢恢,疏而不漏。"

"你表哥进了监狱,你觉得没靠山,才不打的吗?"我试探着问。

"也不全是,是因为我喜欢一位女同学。她跟我说,她不喜欢野蛮人。打架,动粗的人是牲口不是人。她告诉我跟她交朋友可以,但有个条件:不能动粗。我知道我学习不怎么样,人家学习数一数二的。因此我也想好好学习,不能给她丢脸。"他自信地说:"我找您的目的是看看,我该从哪做起。"

"这才够爷们儿,蛮有自知之明和责任感的!"

天呀,绕了一个大弯,他要不说,我都把今天他要找我的主题给忘了。

"她没答应你,或者说你觉得改变自己太难,才郁闷的吧?"

生活给了他希望,也给了我希望。

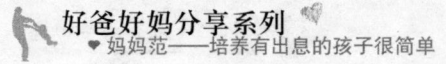

我把椅子拉近他说:"你这么相信我?"

"当然,上次那件事情,您没对任何人说,因为任何人没找过我。您也没看不起我。"

喔,他还记得那件事情。

他说的没错,我从没向任何人说起他们的事,我觉得跟别人说了也没用。

"总有一天,我会好好请您一次。"他说话的表情告诉我,他没骗我,是认真的。

"我肯定不拒绝。"

"我记得你嘴里时常冒出脏话,呵呵。"

"我在您面前小心地管着自己的嘴巴。您的目光总让我觉得胆怯,同时也给我动力,我说不好。"

这时我想起有次在医院,几个人猜我的职业。一位刚参加工作的男孩脱口而出说我是教师。他说理由是我的眼睛让人看了不敢说谎。

"老师都善于长篇大论,说得我们心烦。可是您讲课,举的例子我感觉说的就是我。"

"那你可多心了!"我嘴上这么说,但心想:孩子,你哪知道老师在下面花多大工夫来选择教学素材。自从看到你有匕首,我就琢磨怎样潜移默化地改变你。怎样让你知道历史上的男人怎么做爷们儿。

"您看,拿破仑爱打架,欧洲惨了。希特勒爱打架,世界惨了。毛泽东一辈子不带枪,却能征服蒋中正!"

我还真没想到,历史学科对他有所触动。

"你真聪明!"

"您在讥讽我?"

"老师讥讽学生?这是我的风格?"

"不是,不是!"

"你要这么认为就说明你不懂聪明这词的意思,就如同你不清楚怎样做

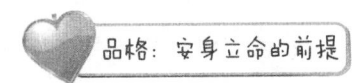

才是爷们儿!"

"那,您眼中的爷们儿是啥样?"

"说话算数,一言既出,驷马难追!为了她,按时完成老师留的作业!"

"嗯。"

"没啦?"

"有,把匕首给我。"

"早扔家了!拿它也没用,还让人觉得我不是好人。"

"嗯,爷们儿就要给他人带来安全感,像山一样,人见着就感觉踏实。"

"是,明白。"小 B 站起来,顽皮地给我敬个礼,转身走了。

那夜,我睡得很香。

志不同,道亦不同

——如何引领孩子交朋识友

一天晚上,我和刚升入初二不久的儿子去散步。在热闹的广场,看着他的同龄人三个一群,两个一伙亲热地聊天、拥抱。他惆怅地对我说:"唉,人家都有好多朋友,我怎么一个异性朋友也没有那?"他继续说:"我们班的XXX,他在上学期,一星期就接到 7 封信,他还让我看。您知道是什么内容吗?"我微笑着摇头。他趴到我耳根:"是求爱的!"我哈哈大笑说道:"知道什么叫爱吗?"儿子用手捂住我的嘴说:"小点声,别让人家听见,多寒碜呀。"又把我拉到没有人的一棵柳树下对我说:"您不信?下次我跟他要信来,让您看看,我是否说瞎话。"我仍然在笑,对他说:"我信,我信!"

我虽然在笑,但是心里很复杂。儿子真得长大了,他已经步入青春期,对异性有朦胧的渴望。从孩子的举止也能看出来:心浮气躁,爱发脾气,勤换衣服。原来要提醒去理发、洗澡、换衣服,现在这些倒不用操心。这些是成长过程中的必然。大家都知道初中阶段是孩子叛逆时期,原来的太阳不再让我们喜欢,原来的月亮也突然开始变脸。父母怎么就这么令人"讨厌"。家长会说:"这孩子怎么这样不懂事!"伴随着两代人矛盾的增加,交流的机会越来越少,隔阂越来越大。孩子开始远离我们,进入家长担心的"危险期"。怎么让危险期不发生危险?要抓住时机进行引导。我知道机会来了。想到这我对儿子说:"累了,坐会儿。"下面是我们母子的对话。

我:"你问没问,给他写信的同学都在哪学校上学?"

儿子:"问了,我们学校的没有。"(儿子就读的学校是全区选拔的艺术班,几百名应应试者只录取了70名,比考大学还难。)

我:"有没有比你写得好的?比如:文笔呀,内容啦。"

儿子:"没有,信很短。就是我喜欢你啦,想你啦,上课都在想呀。就那些。"

我:"那你觉得你这同学有哪些地方让你敬佩?"

儿子:"开始还行,很聪明,反应比我快。现在不行了,老师讲课总趴在桌上睡觉。就是给我打电话问作业的那个。"(儿子说到这我知道是谁了。)

我:"你觉得我和你父亲爱吵架吗?你不是经常发表感慨:唉,你们怎么总说不到一起!"

"朋友之间,交流总有分歧,总吵架。你觉得有意思吗?"

儿子:"不是很好。"

我:"你想过没有,为什么有分歧?"

儿子:"观点不一致呗。"

我:"是呀。观点的不一致往往因为认识水平、知识水平不是同等次。如果只知道从一个角度去思考一个问题,就会陷入牛角尖,听不进别人意见。久而久之,只有两个结果:要么不再是朋友,要不就是以最低标准看齐,时间久了就是吃喝玩乐。分手是痛苦,不分手也是痛苦。因此,选择朋友很重要。"

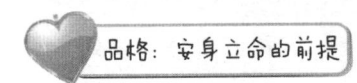

儿子信服地点点头。觉得我说的有道理。

我继续说,"学生时期就是好好学习知识,如果你的朋友不爱学,就说明志不同。志不同,道更不同,这样的同学还不如不做朋友。"儿子点头微笑。

儿子:"也对,朋友不在多,而在于有知心朋友。难怪有这么一句话:人生得一知己足已。"儿子的心情不再郁闷了。

我:"没错!我问你,你们班的男生有向你发无名火的吗?"

儿子:"有!前几天还有一次。"

我:"在什么情况下?"

儿子:"有一次,坐在我后面的同学(女生)问我一道题,我就给她讲。XXX(男)他竟然把我的书狠狠地摔在桌上,还踹我一脚。"

我嘿嘿地笑着问,"还有吗?"

儿子:"有呀,玩篮球的时候。我一上场他们就不要我。"

我:"有女生参加吗?"

儿子:有呀,因此我时常生气。我也不明白,他们为什么那样?有时候我就想:难道是我身上有臭味?可我是天天洗澡呀。我对他们很宽容的呀。前天有个同学更过分摸着我的脸说,"老天爷呀,为什么要给你这么一张脸,这不是气死咱班的女同学吗?"我哈哈大笑。儿子捂住我的嘴说:"别人会说您犯神经的!"

我:"留心一下,是不是你的形象太好,把他们给比下去了。"

儿子(他羞涩地笑着对我说):"您这样一说我就明白了,还真是的。论学习,论长相,样样拿出手。"

我:"不是你没朋友,也不是没人喜欢你。而是你很优秀,你是他们心目中的朋友。朋友之间的交往不在整天写信而在心灵相通。整天写信的未必是心灵的挚友。朋友不在多而在于有高水平的朋友,无论是异性还是同性都能激励你去奋斗。要想交到高水平的朋友,自身水平、素质就要提高。向自己心仪朋友看齐,将来高中、大学有很多高水平的同学。你一定会有更多的朋友。"儿子肯定地点点头。

上面是我引导孩子关于交朋友的一次对话,从后来发展看是比较成功的。

成长既是幸福的也是烦恼的。在成长过程中要担负起很多以前别人为你担负的责任。父母是孩子的第一责任人,就要为孩子引路,给他导航。

可生活中只有很多不期而遇的事。这不,就来了。

孩子恋爱了,恋的非常不是时候,再有二月就中考了。

放学回来在客厅,丝毫不掩饰地大喊:"我爱你,玲,我想你!"他无心学习,那女孩在牵扯他的心,怎么办呢?孩子跟我说,女孩总跟其他男孩跑着玩,孩子的心随着女孩的马尾辫来回晃动。

我安慰自己:"别急,别急,想想办法,首先我们应该高兴"

"高兴还高兴呀。"

"孩子大了,真的大了,进入青春期。喜欢别人就知道关心别人,就会关心父母。这都是好事。这种事情不能阻拦,要疏导。"

晚上我坐下来对孩子说:

"很喜欢玲?爸妈帮你追她!不信追不到。"

"嗯,真的吗?"孩子无精打采的表情上放出光彩。

"你写出女孩的 20 条优点。你看呀,你会绘画,还会吹萨克斯。学习也是前十名里边的。这么优秀的孩子看上的孩子必然优秀,否则,终究走不了多远必将分手。你说对吧。"

孩子坐下来,一会对我说,"写不出来,没有。"

"那就写 10 条吧!"

孩子拿笔沉思。"还没有。"

"五条总该有吧?!"

儿子对我摇摇头。

"孩子,那咱就放弃吧,志不同呀!你们会整天吵架,这样交往很累。"

第二天,我找到孩子班主任,给孩子调了位,把他调到了女孩子的前面。这样女孩子课上做什么都不会干扰孩子了。

不到三天,孩子又安心学习了!中考完了,8月2号接到了通知,市重点高中录取了。

不要怕孩子恋爱,真的是好事。家长和老师都不要大惊小怪,只要引导好很快就会过去,不会耽误学习。

巴掌只能胜局部
——放弃家庭暴力

俗话说:小树要剪,小人要管。尤其是男孩子,在必要的时候该出手就出手。我和很多父母一样,也曾动用过巴掌!很长一段时间里,认为巴掌对孩子成长的作用相当大。把它当做教育男孩的法宝讲给邻居和朋友。

有次,一位朋友到家来,交流管教孩子的方法。孩子不经意间把我惩罚他的事情当着朋友的面给揭穿。话语里流露出对我的不满。我这才发现,巴掌并没有胜全局!那么怎样才能胜全局呢?

心情异样的我破例给上高中的孩子写了一封信,并打印出来,放在他的书包里。

信的内容如下:

孩子,今天你当着妈妈朋友的面揭穿我打你的事,还让阿姨看证据!!你不经意的言行让妈妈的心久久不能平静。我没想到事情过去了几年,你仍然记忆犹新!也许看了这封信你就理解了妈妈的苦心。

我要承认,在这个世界上我只打过一个人且打得最狠的一个人——那就是你!

孩子,你知道吗?在你上小学之前你爸和我都不曾打你。你那么幼嫩,好像玉米笋,我生怕任何一点轻微的碰撞将你擦伤。你无意间,小手蹭破点皮,我心痛得都要掉泪。你却擦着我的泪告诉我:妈妈,不疼呀!多少次面对熟睡中的你,我向上苍发誓:我要尽母亲所有的力量保护你,直到离开的那一天。

你向小树一样长大,开始淘气,开始恶作剧。当幼儿园的阿姨,向我汇报你那些"可恶"的行为时,我回报她们的是灿烂的笑。因这些都不能构成我打你的理由。我想,你的这些错误对于一个活泼的儿童来说,如同走路要摔跤那样的正常。

上学了,顽皮好动的你很难适应学校紧张的学习。你被老师罚站,值日,即使那样我们都不曾惩罚你。但是到了三年级,你犯的错误我不能再听之任之了。也许你还记得,那次国庆节放了7天假,七天的时间里,你竟没写作业。如果你诚实地承认还可以,但你骗我:写完了!拿出你作业进行检查时才发现你竟然拿放假前的作业来冒充。

当时我脑海里闪现一位成年朋友的话:"最遗憾的就是父母不曾打过我。有很多次我都该打,但父母没打。如果要打我,我的成就一定比现在大。"那时我很不理解,心想,还真有想挨打的人。一个声音在告诉我:不让你后悔,也不要让自己后悔。

我又想起了你刚学会走路时,在我不经意的时候,你的小手去拿暖壶的塞,一股热气立刻把你熏得大叫。我摸着你的小手,流着泪给你吹呀吹。那次你真真地感受到了切肤的疼痛。从此,你再也不去碰它,并且学会了举一反三,远离危险的物品。

说谎意味着你想快速摆脱依附,自由地做出选择,你长大了!但是你又没有正确的是非标准。孩子,好的品德需要一种思想习惯,那就是实事求是。显然你还没有形成实事求是的习惯。而良好的习惯养成不能脱离具体的行动。对于你,我言语引导显得相当苍白,这时候我就想用切肤之痛来解决。我要让你感受到你自己的错误需要你自己来买单,要付出代价。我坚信一巴掌一定能让你痛彻心扉,我没办法再控制住自己。

作为一个人,不诚实是最可恨的品行,而你已经开始不诚实了。这样下去的结果,我不敢再想,于是我的手一巴掌过去——你的嘴角流了血!可当时你还理直气壮地跟我叫板!我再次对你发动进攻,你一看我的架势,或许害怕了。你从客厅跑进房间,我也追了进去。你跑到床上,我抓到了你的脚后跟。我本想拎起你,无奈,我没力气了,我只能抓住你的脚脖子。你疼了,大叫。同时我看到殷红的血从我的手指中流出来!你屈服了:"妈妈,肯定没下次了,我再也不说谎了!"

夏天过去了,你的脚脖子那留下了疤痕!

孩子,你已经开始学物理了,你清楚作用力与反作用力。孩子,打人是力气活,你受到多大重创我也同样接受多大的反作用力。你知道吗?当我一巴掌打过去的时候我的手心是火辣辣的。我的心在颤抖,我在问自己,非打不可吗?假如不打是不是还有别的办法?

打人是个重体力活,它使人肩酸背疼,我才明白人类为什么要发明打人工具。但是我没用那些,我用的是手,就是想在惩罚你的时候我也同样遭到惩罚。我的痛苦或许比你要久远而悠长。

在你熟睡的时候,看着你的嘴角,看着你脚部的伤痕,我控制不住我的眼泪!我在深深自责。假如惩罚我自身你可以吸取教训,我宁愿自罚!但我知道责罚不可替代也无法转让!它如同饥馑中的食品,只有你自己嚼碎咽下,才会成为你生命体验的一部分。

我不愿意打你,但是我不得不打!我不愿打,但我一定要打,因为我是你的母亲!在我们家里,你父亲将这一份特殊的权利给予了我。那次,当我行使它的时候,你知道吗——我是臂系千斤呀!那是我第一次打你我想也是最后一次。因为从那以后你真得变诚实了,老师邻居都夸你呢。

两星期后,儿子回来了。说了一句:"我没怪您,您是对的。"我笑了。我知道他看了我写的信。我清楚我用写信的方式进行沟通奏效了。是的,只有进行心灵的沟通才可胜全局。

街头乞丐

——善之有度

儿子四年级那年的暑假,我和他一起到北京城游玩。地铁里、过街天桥上、通道里有一些乞讨者,他们把肮脏的手伸到我们面前。儿子拉住我的衣襟,他的眼神,我能读懂:要有慈爱的心,善良的心。既然想让孩子成为一名仁义的人,那就满足孩子,给吧!就这样我们一路走下来,晚上回家一盘点,发觉我们陆续给出了100多元。

100元至少是我们一周的生活费。可给每个人的时候并不觉得多。

我们娘俩坐在沙发上开始回想那些乞丐。

儿子说:"看他们多可怜,有的没手,有的没脚,有手有脚的人脸又烫伤了。还有那些小孩,他们没钱去上学,我们每个人都帮助一点,他们的学费就出来了。"我不想破坏孩子的爱心,社会需要爱心,但我也很清楚这不是解决问题的办法。

于是对孩子说:"我看问题并不那么简单,有手有脚的应该干活,实在没人雇,也可以去捡破烂为生。他们选择这种生存方式是一种懒惰思想作祟,我们不应该再给这样的土壤加肥。"儿子觉得也对。

他说:"那以后我们就得有选择地给了。在社会课上,老师对我们说,我们是社会主义国家,生产资料是公有的,是属于全体人民的。他们也是人民,他们也有使用土地、森林资源呀,他们不应该什么都没有呀?的确是一种懒惰思想在作怪。"

我趁机说:"这就说明他们不愿意付出自己的劳动,凭借身体上的缺陷求得人家的施舍。因此我们不能纵容他们。"

这时候儿子又说:"也不全这样,您看我姥爷,没有右手,可什么都能干,从不用别人帮忙!"看着孩子的表情,显然他为有这样的姥爷感到自豪。我也自豪地说:"没错,做人,就要有自尊,要做个像你姥爷一样的自食其力者。"

到北京来读高中后,儿子的思想慢慢成熟起来。

一次,在我们小区的街头,我看到有很多人围观。挤进去一看,原来是一位二十左右的小伙子蹲在地上。他用粉笔写了两行字:"好心的大爷大妈,请您给我五元钱,让我吃一顿饱饭。我吃饱了,就可以找工作了。"

小伙子低着头,看不清面部表情。见他戴着一副眼镜,不是很胖,大约1米七左右。他把头埋在两个胳臂中。

"大小伙子,不缺胳臂,不瘸腿,竟然也干这营生,呸!"一位白发苍苍的老大娘发了话。大家七嘴八舌地数落他,他也不抬头,也不吱声,就那么蹲着。

一位中年男人把手中的两个空水瓶扔到他面前,小伙子还是没反应。

"人家给你指出了生计,你还觉得你是皇太子呀!"大家又开始议论。一会儿,人们陆续走了。我忽然很可怜这小伙子,因为他的年龄与我儿子相当。我想到了我儿子,假如他去了异地,所有的东西都被偷走,没有钱,没有任何熟人,他是否也会沦落成这样!

于是我拿出五元钱,放在了他面前。一刹那,他抬起头来。我看到他欣喜的表情和那双亮晶晶的眼睛。他连忙点点头说:"谢谢阿姨,谢谢阿姨!"

"不用谢,你去吃饭吧!"我毫无感情色彩地说。

说完,我就走了。走了一段路后,我突然回头再看看他。这一回头,才发现,小伙子并没有像我想象的那样,立刻去吃饭,还在那里,等待下一位的施舍。我转身,走到他面前,伸出手跟他要那五元钱。

他站起来,说声,"阿姨对不起,就跑了。"

这一次我认识到,很多乞讨者,利用人们慈悲心肠,利用人们同情弱者的心里,进行投机取巧的营生。热爱劳动是中华民族传统美德,我们应该推崇，不劳动者不得食。

回到家我把我遇到的事情对儿子说了，儿子说："他们在践踏人性的善良。我遇到这样的人就给他买几个包子，不给钱。施善要有度，否则就是为虎作伥。"

儿子继续说："您看在街面上很多这样的人。有的面前放个骨灰盒，上面写着：可怜我父母双亡，给我点钱回去安葬他们；有的用一张白纸写好，放在面前，叙述生活多么困苦；有的说是一名在京上学的学生，给点回家的路费吧。"

"我相信这些都是他们骗取同情心的招数，是一种骗局。如果他们真有困难，医院的医务人员，学校里的同学都会伸出援助之手。"

听着儿子的言论，感觉孩子长大了。

一个不能少

——触动孩子心灵的集体观

聊天中我了解到：去西安旅游者共 14 人。有四家是三口之家。他们的孩子分别在今年考上清华大学、北京理工大学、中国传媒大学，最小的就是我那读小学的儿子。另外两个：一个是六十多岁北京退休女教师；另一个来自美国弗尼吉亚大学中学部的一位四十多岁的黑人女教师，只有眼睛和牙齿是白的，典型的非洲黑人。她告诉我们，她是来中国考察中学教育的，利用休息的十天时间到华山看看。

第二天早晨 7 点多钟到了西安火车站，当地的旅行社接待了我们，把我们一行人编入到由 26 人组成的一个大团里。这是一个名副其实的散团，游客有山东、甘肃、四川、浙江，当然北京人最多。

因为是来自天南地北,因此形成了各自的小团体,随自己的爱好参观游玩。几天时间彼此说话的次数几乎是零。

最后一天下午三点是看西安的最大广场——大雁塔音乐广场。导游告诉我们4点集合,然后到火车站边的饭店用晚饭,五点半坐火车返京。时间比较紧,四点大家必须到这集合。

我们到的时候广场喷泉正在喷出高低不同的水柱!水柱的长短合着美妙的音乐,水柱的两边人头攒动!

音乐广场的确很神奇,导游告诉我它是亚洲最大的矩阵音乐广场。八级叠水变频喷泉方阵随着乐曲变幻着各种造型,现代科技演绎着大唐古代美,奏响华彩乐章,绚丽多彩的景象让人如痴如醉。导游这样说:"此广场创下了一些令人骄傲的纪录:全亚洲最大的喷泉广场,最大的水景广场,高新技术运用最广泛的广场之一,雕塑规模最大的广场,光带铺设最长的广场,世界坐凳最多的广场。"导游让我们不要走远!我在感叹大自然的神奇的同时也感叹人类的智慧。真是人定胜天!儿子欢快得如同小鸟,来回穿梭于前后左右。

一小时很快就到了,导游上车清点人数发觉少了那位北京的六十岁退休女教师。想跟她联系的时候才发觉这么长时间竟然没有一位有这位老教师的电话,包括导游!为了赶时间不容分说我们分头去找,并约定时间。去找的人陆续回来了。孩子们开始烦躁,大人们开始埋怨她:集体观念不强,自私只顾自己玩!没有团体意识!导游看了一下表后拨通了旅行社的电话,告诉他们走失了一位游客,不能再等,否则就要延误火车!大家都觉得导游的决定非常正确。就在我们都上车准备出发的时候,那位一直一言不发的美国中年黑人女教师,坐在台阶上瞟了我们一眼说:"你们走吧,我在这里等!"语气坚定,不容置疑!

导游说:"不用您等,一会公司来人给找!"

"那也不行,毕竟他们没见过她,又没手机号,我们是一个团体,不能把一个人留在这里!我不怕火车晚点。团体!团体!你们难道不懂汉字团体的意思吗！她自己能构成一个团吗？"她用不是很标准的中国话非常坚决地表达了自己的观点。

车上的所有人都愣在那里！儿子开始拉我的衣角，我知道这位黑人阿姨的话触动了他。孩子说："妈妈咱们去找吧，真得不能丢下。"

是呀，一辈子学汉字，说汉语的我们，自认为比谁都了解它的丰富内涵，突然在她面前得了失语症，大家面面相觑谁说也回答不上来！

"我们是一个团体……"这句话如同一盏心灯照亮了我们！我和儿子先下了车准备再去找，其他的人也陆续下了车。实际上那位退休的女教师就坐在离我们不远的一个喷泉旁专注地看着水柱，听着音乐。我们为什么都没看到？是因为我们没用心去找！儿子跑过去扶老奶奶过来。她抱歉地对我们说："我一直坐在台阶上，不时地看着时间，怕误点，没想到我这表敢是停了！"我们微笑着说："没关系，误不了火车！"而那位美国黑人教师没有说任何话。

车上我在不停地剖析着自己。

她是个美国公民，她只与我们有一面之缘。如果从血缘的角度上说，我们和走失的那位老教师是同根；如果从空间上说我们北京人更有理由等她、找她、帮助她；如果地域文化来说我们更应有老乡见老乡两眼泪汪汪的情愫，但是我们都没有做到。

群体中有教师、公务员、医生，还有被名牌大学录取的大学生。可以说这群体的层次都不低，这不能不让我们审视自己。这位外国的黑"月亮"让我明白团体这词的真正含义！什么是团体，怎样做才是团体的一员？团队协作对个人的素质要求。

我望着窗外熙熙攘攘的人群，听着震撼人心的音乐，我才明白有了团体的一致行动，才能奏出摄人心魄的乐章。

同样，这件事情对孩子震撼也很大。在他高中和大学期间，时常听他说这句话：我们是团体，一个不能少。

智力:成就未来的保障

"智力中没有一样东西最初不是源于感觉。"人在婴儿期完全是用口来认识、感知这个陌生的世界。

所谓智力就是从感觉发展到概念。2岁以后,孩子调动身体的各器官去观察、感受,这一过程不断上升,慢慢体验就形成了经验。内在的潜力得到开发,智力自然就提高了。

心理学上,个性等于创造力,有个性的人对世界的感觉是独特的,思维状态也是独特的。因此,父母不要把孩子的感觉破坏掉,尽可能给他们提供安全的环境、机会及场所去感觉。

"背:记忆的强心剂"

——掌握知识的方法比掌握知识更重要

30天的寒假,一晃就过去了。

开学后的第7天,按学校的教学计划安排,是进行寒假考试的日子。

考试内容百分之九十是寒假作业——学校自己编写的一本练习册,题不是很多。

还有二十分钟就要下课了。

其中一个戴眼镜的男生A问:"老师,我可以交卷吗?"

"都检查完了吗?"

"没问题!"

语气十分自信,连眉毛都跟着扬起来。

我边说边走到他身边,歪着头看他桌上的那张试卷。

一道材料题,共有四段材料。一个综述问题:指南针的发现及其东西方世界对它的不同态度。

材料一是《韩非子》当中的一句话,告诉我们在没有星空的夜晚,如何辨别方向;材料二为北宋广州港的船舶中已经安装上指南针。

我问:"司南是在什么时候发明的?起什么作用?"

该生答:"是西汉,是因为迷信才发明它。"

我看了看题,又看了看学生。

学生仰着头微笑着看我:"没问题吧!您让我交卷吧,我好温习另一学科。"

我实在没忍住:"一个人最多能活一百多年,韩非子活到西汉时期那他真不是人了。"

"没错,练习册上写得清清楚楚,不信我让您看。"说着他就要从书包掏练习册。

我用手按住他:"就是八本练习册上答案写的都是西汉,也不对!"

他又开始说:"虽然您教历史,但练习册是那样写的,答案还错呀?!"

"练习册的答案写着西汉!要不是西汉我把脑袋给您当球踢!昨天,我爸爸亲自检查的。分是学生的命根,背诵是学习的法宝!背诵是训练记忆力强心剂!我爸说的没错!"

我,无语了,心情异常沉重。

父母们,孩子的心灵是一片肥沃的土壤,播下什么样的种子,就会开什么样的花,结什么样的果。

"背"真的能横扫天下?

还是A同学,他把脖子卡在我办公椅的扶手上,面对天花板双手捶打着我的办公桌吼着。"青红黄绿辩旗色,规制略似棋枰方。(这是《夷场行》中诗句)这句话是什么意思啊?"

"学习效率低得我自己都不能再忍受了!"

"这是你长期只知道背诵的结果,思维定势造成思维懒惰,思维懒惰便不可能有思考了。"

糟糕,我担心的学生高原反应过早地出现了!成绩要下滑!埋怨是没用的。

我明知故问:"没发觉呀,看你是争分夺秒地学习呀。"

"没错,我是坐在那里。可是,每天我学的那点知识,第二天就想不起来,这种状况持续快一个月了。"

"我想把文综放在寒假之后,寒假后四个月看文综没问题。谁承想这样,学习再退步!别说一本,连三本都没戏。我知道您对我很不满意,从那次考试开始!但您得救我,别放弃我!"

"救你的只能是你自己!早就知道你会变成一个'头脑迟钝'的学生。

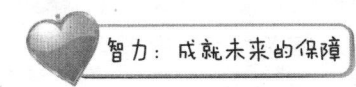

因此我才惩罚你,可没用,你太固执了。春晚闫妮演的小品备份里有句话怎么说:理想是美好的,现实是骨感的!"

"为什么这样呀?"

"因为你用记忆来代替思考!用背诵来代替对现象本质的观察。这就是你变得愚笨的原因。人应当首先在思考领域里成为劳动者。"

"那怎么办呀?我听您的还来得急吗?"

"来得急,一天不考试就一天来得及。"为了不让他丧失信心我答道。

"现在有一部国产大片《孔子》看过没有呢?"我问。

"没有,谁有时间看它?!最起码一个小时。"A同学不以为然地慢腾腾回答我。

"错,两个多小时呢。"

"星期五晚上,我请你去看!"

"真的,假的!"

"老师还骗学生?"

"还有100多天就高考了,我父母知道还不骂死我?"

"我给你父母打电话,给你请假。"

"将来我请您。"A给自己找了个台阶。

现在看电影的人真少,全场也不过20人。我买的票是16排中间,因为人少,我们去了后排。

"鲁君,三卿的城墙太高了,高过了您的城墙,必须拆除。"

"不行,我让他们拆城墙,他们该废我了。"

我小声问学生A:"孔子为什么让三季拆城墙?"

"是不是违背了他们卿大夫应该遵守的礼制?"

"礼制有啥作用?"

"生活准则。"

我们就这样边看边聊。

"老师,我感觉看场电影真不错,好多知识都想起来了。"

……

如果你感觉到孩子没小时候聪明了,越大越迟钝,那就该检讨下自己。请你把他领到思维的源泉那儿去,事物之间总是相连的,一事物的结果成为另一事物的原因。努力用思维来把握这根链条。大脑中反复揣摩这种关系,他就在接受一种无可取代的思维训练。

这就如同在孩子面前点燃起思维火花。只要点燃这种火花,孩子就会探究,就会更深入地思考新的现象。这种意愿、愿望是提高思维过程活性的推动力。何愁孩子不会思考,不肯动脑呢?

怎样才能使思考、认识、发现、理解和求知的需要,成为孩子最主要的精神需要呢?

这就需要家长的智慧。在每一个孩子的心灵里,都存放着求知学知的燃点,只有我们用恰当的方法去点燃它。

只有让孩子学会思考,在思考中引领孩子。用思考来指导孩子,他才能成为心灵的征服者、教育者和指导者。

家长们,试试吧,改变孩子的认知方式。您的孩子定会有很多新奇的发明和创新。

家里的小木工
——专注力的培养

一　制作鸡舍

家里装修请来了木匠。木工师傅走的时候留下了很多小木条、木板,还有钉子。好奇心很强的儿子也想尝试当木匠。

儿子:"妈妈,我要一个小锤子和一把小锯。"

我:"做什么?"

儿子:"我要修好我们的小木椅。"

我:"我们的椅子没坏呀。"

儿子:"可他们松动了。"(儿子已经给破坏了)

我骑车出去买回一把小锤子和两个小锯条。

我告诉孩子:"阳台准许你使用,就在阳台上做木工。"几天时间里,从幼儿园回到家就拿起小锤子,叮叮当当往木椅子上楔钉子。

他右手拿锤子,左手拿钉子,学着工匠把钉子放在嘴里湿润一下,小手把着钉子,当当锤击。我站在远处看着他,好担心锤子锤到手上。孩子干得非常专注,板凳上钉满了钉子。我担心的事情没有发生。

周日,我在挂窗帘。

我:"儿子,把夹子递给我。"

儿子:"非常欢快从阳台跑进来,这就给您。"

我:"给妈妈扶着凳子。"

儿子:"我帮您,我的活干不完了,您说的自己事情自己做呀。"

我:"你在做什么?"

儿子:"给小鸡做个家。"

整个上午,5岁的儿子就在阳台上鼓捣那些玩意,乐此不疲。先是尝试把钉子钉在木板上,钉子弯曲了,拔下来再钉。看他的小手划出血痕,我教他两只手如何配合。

我几次招呼他玩腻没有?他都回答:"就要做成了!"两天后他交给我一个直径一尺半左右的长方形带盖的木盒子。我仔细端详了一会对他说:"小鸡住这里?"儿子说:"是呀!这回我给他做个家,小鸡就冻不死了吧。"

"您看,这是盒子盖,我们可以拿下来,放食物给它吃;这是提手,咱们回老家的时候就可以提着他一起走了。"

看着他的"杰作"我真的想笑。歪七扭八的小盒子。但我没笑,我知道这是他的成绩,他的发明。我说:"好呀,给你留着,我们买个小鸡放进去。"

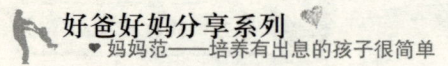

直到现在那个小木箱还躺在他的玩具箱里。那可是他5岁时候的杰作呀。

孩子的天性就是玩,玩本身就是他们的"功课"。在玩中发现,在玩中感受,在玩中创新,在玩中培养孩子爱劳动的习惯。德国诗人席勒有句至理名言:"人类的卓越性和创造性的源泉是人类之中的孩童。"

二　制作脚手架

准许孩子玩,就得给他留出空间,由他自主支配。我告诉儿子,家里的阳台归他用,所有的东西不能放在卧室和书房。有了独立空间,儿子做的东西越来越多。我告诉他写下所做物件的名称、时间和用途。现摘录如下:

"我看到工人盖楼房,先打手脚,妈妈说很麻烦的,我想我一定要制作一个脚手架。我观察楼房外脚手架很长时间了,今天我准备开始做。"

"首先把所有的木棍平均分成三份或者四份,然后再把两根木棍交叉绑在一起。我绑几次都没绑紧,但我不烦,我想我一定能绑住。试几次后就知道怎样能紧了,依次类推,做成田字形。最后用一根木棍在田字形的上半部斜着绑,下半部也这样。一小时后,我成功了!妈妈说你真棒!我觉得做啥事都不能半途而废,有始无终,否则将来也一事无成。"

我相信,这种做事不半途而废的理念根植在他幼小的心灵里。

三　组装赛车

孩子喜欢上了玩具车,他父亲给他买了辆遥控车。但是他不是很喜欢,要自己组装。我们担心组装不上,大大小小不下三十多个部件,看着都发愁。

在孩子的强烈要求下,花五元钱买了个赛车。

孩子从幼儿园回家,就躲在阳台自己组装,边组装边自言自语。

"我先组装电机,把铜片装在电机盖上,把电机在连在底盘上;这是轮胎,我先卸轱辘;这是轮胎条,把轮胎条按在轱辘上;这是地棍,我把地棍按在底盘上。"

……

在他嘟囔的时候我很想过去,帮他一起解决,但我忍住了。任凭让他的

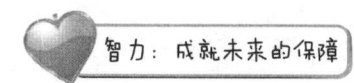

心灵在在愉悦、宁静、沉思中徐徐展开。这样我们想要的儿童专注力就能慢慢培养起来。

阳台上我继续听他自言自语。

"不贴不行,会影响整个赛车的形象。可万一要没贴对,全错位了,就不是我喜欢的了。怎么办呢?对,我先按拼图在地上拼一遍,然后准能正确了。"

一会儿,我就听到赛车在阳台上滋滋吱吱地叫声了。

我对孩子说:"你真棒,比我们都强,我都组装不上。"

"组装花一个小时呢,下次再装就会快的。"儿子很不满意地说:"不过,组装赛车不但锻炼我的大脑,还灵活了我的双手。但不能常玩,一会我就要听故事了。"

从中我悟出:如果我们想让孩子成为他自己,就必须给他自由,自由是自立的前提条件。有了自立才能形成意志的独立,才能保持思想上的独立。

用柠檬给自己降温

——心里解压常识

按孩子自己的话说就是这些日子出奇倒霉。高考还有一百多天,每天各学科都考试。天气也跟他过不去,气温的忽高忽低使得他又感冒了。默写时,鼻涕不请而来。手立刻伸到口袋里摸手巾纸,老师认为他在作弊,"罚站,教室外反省"。

心情非常糟。

他就像是个火药桶,逮谁跟谁急。更令我们不安的是,孩子夜间磨牙相当厉害。很久没看到他笑过了,似乎不会笑了。

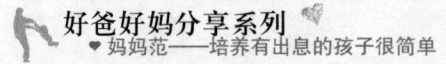

孩子精神紧张、烦躁、思维混乱。他自己也发现注意力分散,学习效率下降,头发掉得厉害。

显然,心理问题——焦虑出现了。过分焦虑的他很敏感,自尊心极强。性格也变得较内向。

放学,我走进他房间,拍他的肩膀说:"哎,我送你一个柠檬!刚买的?"他非常吃惊。看着我,看着柠檬。柠檬是新买的,还带着绿色的叶子。在这肃杀的冬季,黄灿灿的果子和油亮的绿色很诱人。

"给我?"

"对,给你!"我立刻看到了他脸上的笑,那是久违的笑。

他把玩着柠檬对我说:"您怎么想买柠檬给我?您让我把它吃了吗?它是酸的,我吃不了。"

我们彼此说着话。

"它不仅仅是吃,还有很多用途。"

"你每天就带着它上学,放在课桌上。烦躁时欣赏一下,闻一闻。"

"等看腻了,就切成片。考试的时候,或者晚上写作业的时候,一碗热水放入一片柠檬。你会发现,柠檬的芬芳能让你集中精力,容易进入深度思考。在微凉的水中加入几滴柠檬油,把布浸一下,然后将其敷在前额上,有提神的作用。"

"那一会我就试一下。"

"早晨起来喝一杯热柠檬水,你会发现眼睛有神,皮肤会更红润。那是体内垃圾清除了。"他笑着说:"妈妈您在说广告词!"

"我就在给你做柠檬广告。"

"在手巾纸上滴几滴柠檬汁,在记忆时闻它的味道。在回忆所背的东西时,也闻一闻柠檬汁的味道——大脑就会把这种令人愉快的味道和要背的资讯联系在一起。"

"您倒像生物老师,懂这么多?"

"那就让我再跟你卖弄会知识。实际上,柠檬具有高度咸性,能止咳、化痰。对人体的血液循环以及钙质的吸引有相当大的助益,其丰富的维生素C,能够消除疲劳,增加免疫力。美国最新研究报告显示,维生素 C 和维生素 E 的摄取量达到均衡标准,有助于强化记忆力,提高反应灵活度,是增强记忆力的有益食物。"

"来喝一杯试试!"

"我的好妈妈!"

我们愉快地笑着。

父母们,考前一定要想办法让孩子放松。只有给孩子阳光,他们才会有阳光心态。

拔苗助长

——尊重孩子的成长规律

晚上,我去幼儿园接儿子。老师兴高采烈地对我说:"咱们的小不点(因为他最小)今天可露脸了,教委组织各幼儿园的老师来听课:识字课。没想到他认识最多,40多个!也不知他啥时候认识的,您在家教的吗?"

我的头摇得像拨浪鼓,我可没教。他在幼儿园够累了,吃好玩好,就可以了。

儿子也很高兴,其他家长也说,你们孩子变化真大,说大就大了。

儿子一年级后,我突然发现幼儿园他认识的那些:石头、田地、主人……全然不认识了。一点印象都没有,跟他提起那件事情他也不记得。这件事情对我的启发很大:拔苗,未必助长。

这让我想起看到的一份资料。

1979年6月,中国曾经派一个访问团去考察美国初级教育。回国后写了一份三万字的报告,在见闻录部分有如下文字:学生无论品德优劣、能力高低,无不趾高气扬、踌躇满志,大有"我因我之为而不同凡响"的意味;小学二年级的学生大字不识一斗,加减乘除还掰手头,就整天谈发明创造,在他们眼里,让地球掉个头,好像都易如反掌;重音体美而轻数理化。无论是公立还是私立,学校音体美活动无不如火如荼,而数理化则乏人问津;课堂几乎处于失控状态。学生或挤眉弄眼,或谈天说地,或跷着二郎腿,更有甚者,如逛街一般,在教室里晃来晃去。结论部分是这样写的:美国的初等教育病入膏肓,可以这么预言,再用20年的时间,中国的科技和文化必将赶上或超过这个所谓的超级大国。

在同一年,作为互访,美国也派一个访问团来中国。他们看了北京、上海、西安几所学校后,也写了一段报告文字如下:中国的小学生喜欢把手放在胸前,除非老师发问时,举起右边一只手,否则不轻易改变;幼儿园的学生则喜欢把手放在后面,户外活动时除外;中国学生有种作业叫"家庭作业"。据一位中国老师解释,学校作业在家庭的延续;中国把考试最高的学生作为最优秀的学生,他们在学期结束时,一般会得到一张证书(我想也就是我们的三好学生证书),其他人则没有。

在结论部分他们是这样写的:中国学生是世界上最勤奋的,在世界上也是起得最早睡得最晚的;他们的学习成绩和世界上任何一个国家的同年学生相比,都是最好的。再用20年的时间,中国在科技和文化方面,必将把美国远远甩在后边。

25年过去了,美国病入膏肓的教育制度共培养了几十位诺贝尔奖获得者和一百多位知识型亿万富豪,而中国还没有那一所学校培养出一名这样的人才。两家的预言都错了。

这是东西方教育理念的差异,我们总想打造神童,拔苗助长。

比如小学的奥数,不管是城市,还是农村,有学校的地方就有奥数班。大范围有组织地成批选拔天才少年,对他们进行集中、系统和严格的特殊培养和教育。

小学从三年级开始学习奥数,学了三年,自然很顺利地考上初中。因为奥数本身就是初中和高中生学的那点知识,初一上半学期他们的成绩一直处于前茅。到初三反而学习很吃力了。我曾做过一个近260人的调查,结果小学上过奥数,中考数学成绩不是很高,甚至有一半小学学过奥数的学生考不上高中。

儿子上四年级的时候我们也面临这个问题。

全班只有四名同学考上了。儿子回到家兴冲冲地把这好消息告诉了我。看着兴奋的儿子真得不好打消他的积极性。

我决定先上他上几次课试一下。

三次课下来,儿子没了那高兴劲。

"好学吗?""不好学。"

"喜欢吗?"

"不大喜欢。"

"好,那咱不学了"

"真的吗?"

"真的。"

"那咱们的书都买了,怎么跟老师说呢?"

"妈妈去跟老师说,这事你放心好了。"

我找老师的时候,老师百思不得其解。问了我无数个为什么。

"人家家长都盼望自己孩子上奥数班,没考上的托人找到学校,您的孩子考上了却不鼓励上。您是老师,应该知道呀,不能遇到困难就退缩呀。"

我告诉他,拔苗不能助长!只能遏制他的智力发展。规律不否认超长儿童,也就是特殊天赋,一定程度上表现为智力超群。对他们进行因材施教似乎无可厚非,问题是如何去施教?是批量生产还是给他们一个自由的天空?老师不说话了。儿子也从奥数班高兴地退出来。

做父母的,要切记自然发展法则,儿童必须依据其内在规律发展,拔苗肯定不助长。

压岁钱

——教孩子学会理财

很多父母满足孩子的一切物质需要,孩子反而养成了很多恶习。我想,倒不如尽早教孩子学会理财。也许,下面几个案例里隐藏着答案。

一

楼道里又听到了孩子的哭声和大人的打骂声,我知道这是对门夫妻俩在管教孩子,我按捺不住敲开了他家的门。

孩子跪在地下,痛哭流涕,看到我进来不好意思地把脸转过去。孩子的父亲坐在沙发里,手里拿着一尺来长的木棍。

我把孩子拉起来,推回他自己的房间,然后把他的父母请到我们家里。他母亲讲起打他的原因。

"孩子初一时老师都说他很聪明,孩子自己也说考前几名没问题。可后来他上课注意力总是不集中,老师上边讲,他下边讲,一节课被点好几次名,有的时候还被叫到外边罚站。为了让孩子学习更好,我们决定实行奖励政策:前进一名奖励10元。这次考试孩子把成绩拿回家,我们一看前进了15名,于是拿出150元给了孩子。没想到,班主任打电话告诉孩子的考试情况,我们这才知道孩子不但没进步反而退步了20名。他千不该万不该骗我们,惹我们生气。"

可孩子为什么说谎?仔细想也不怪孩子,难道怪孩子的父母?可激励的教育方式有错吗?错在哪?我想是孩子对钱的使用价值有盲点,这使我想起我教孩子如何理财。

二

儿子上学后,每逢春节我们开始给一些压岁钱。其中不排除金钱奖励。

一年级的那年正好是1999年。孩子在吃完除夕饺子之后就去睡了。丈夫拿出19元9角9分让我放在孩子的衣服口袋里做压岁钱。我又在一张纸上写了几句话一同放进去。

孩子:

爸爸妈妈把最美好的祝福给你。这压岁钱,是奖励你获得了三好学生,这钱留你自由支配。我不知道有多少,你爸爸也是胡乱抓了这么多他也不知道,你能数好告诉我是多少吗?另外,你如果能写出你新年的心愿是什么,怎么用这些钱,那我们就更高兴了!

祝福我们的乖儿子又快乐地长大了一岁。

爸爸妈妈于除夕之夜

这是我们第一次给孩子这么多钱。

第二天早晨,他穿好新衣服习惯性地掏口袋,猛然发觉有钱时误以为是西方的圣诞老人来过,惊奇地说:"妈妈,这里好多钱!"我告诉他那是我给他的奖励并要他看看写的纸条。他高兴地窜到自己的房间去数钱。20分钟过去了还没出来,我从门缝隙看见:床上的钱以元、角、分为单位分成了三堆,孩子正拿着笔计算。我忽然明白,他很少花钱,还没学元、角、分的进率,难怪他算得这么辛苦。我看他怎样跟我汇报。一会工夫,终于开门出来。对我说:"妈妈我安排好了,请您看!"我说:"好!看看咱家的'大管家'有什么开销。"那纸上是这样写的:9分钱什么都买不了,决定放在小猪的肚子(存钱罐)里;9角钱我加一角准备夏天放学的时候买两根5角的雪糕吃;10元钱买个新文具盒,现在这个太小,希望妈妈同意;5元留着等妈妈过生日的时候买礼物;还有4元钱买本小书看,我自己喜欢的。

我表扬他计划得不错,同时问这到底是多少钱呀?儿子很巧妙地说:"不是写好了吗?加在一起不就是总数吗?"我说:"喔,原来是19元9角9

分。"他高兴地跳起来:"对,19 元 9 角 9 分! 我爸也真是的,给我 20 元多好!"我说:"你想想为什么他要给你这么多? 跟什么有关系呢?"他歪着脖子,眨着大眼睛说:"喔,今年就是 1999 年啊。"

我们尊重他的意见,正月里陪他去买了文具盒和特价书。他的计划很合理,压岁钱发挥了巨大的作用。

三

孩子上了 5 年级,能独立做事情了。这年的压岁钱我们分别给他 55 元,并写上不同的文字。丈夫是这样写的:送走坎坷的 2003 年(这一年他两次遭遇疾病),迎来金色的猴年。我们神奇的 BOY 长大了。压岁钱是个形式,是古老民族的传统,长辈对晚辈的礼仪。亲爱的 BOY,在 2004 年你又长了一岁,这里有 55 元压岁钱,希望你用它去遨游人类的文明长河(去人文内涵丰厚的地方旅游是我们当年的计划)。孩子,你知道为什么是 55 元吗? 通过数字列出两个算式。如果算式列不出来这钱就归我,旅游的时候你可就没钱来买你喜欢的小纪念品了。

这招很灵,既有对孩子怎么使用钱的含蓄指导,又考察了他的学习水平,而且孩子也美滋滋的。

我给孩子写了几句:

你很帅气

但帅气不喜欢邋遢

你很聪明

但聪明和自负总是为伍

你有博大的胸怀

但纵容不等于宽容

你尊重师长

但人类的进步需要创新(这是孩子的弱点)

你孝敬父母

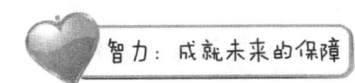

但是父母更希望在运动场上见到你生龙活虎的身影

今年是新中国成立的55个年头,希望你和我们祖国一样大丰收,给你55元压岁钱,希望你知道为什么是这个数,妈妈还想知道你如何支配这100多元钱,希望你写到日记里,以便保存。爱你的母亲。

如果说他的父亲在考察他数学的话,那么我更多的是警醒他。我们通过特殊的方式实现教育孩子的目的。

四

儿子:"妈妈,给我50元钱!"

我:"需要买什么?"(三年级儿子在伸着手跟我要钱。这架势不给不行!)

儿子:"同学过生日,她约了我们几个同学一起到她家庆祝或去饭店庆祝。"

我:"不可以!"(我心想这个风气是不能开的。有了第一次必然就会有第二次。随着次数的增多必然会出现攀比之风,久之孩子会走向虚荣。)

儿子:"为什么?为什么别人都能去我就不能去?"

我:"你同学的母亲知道吗?你怎么就肯定你的同学都去?如果你们同学全都去,别说50,100我也给你。"

儿子:"您不通情达理,全班同学哪能都成为一个人的好朋友?"(儿子很狡猾,看穿了我话语里的玄机。)

我:"那我也不同意。"

儿子:"说不出理由我就去。"

我:"这样僵持下去不是办法。不是还有几天吗?你问问同学都有谁去,然后你们一起买个礼物送给她,表示一下。我不希望你到她家去,假如出现问题怎么办?"

儿子:"就玩会儿,能出什么问题?"

我:"你们去了她肯定会招待你们,假如用燃气给你们做饭,用电器烧水引起危险谁负责?"也许是这话起作用。他的气焰不那么猖狂了。我继续说,"你的同学请你我很高兴,说明你在同学心目中的地位不低。你们可以一起到游乐场去玩,还可以做个小旅行,这样我不会不给你钱的。"我看到儿子的脸由阴转晴继续说,"我也不反对你们庆祝,但这种方式不好。我建议你问一下要去的同学,集体送她礼物好不好。"儿子答应了。

下午我给儿子的班主任打电话进行沟通。他同学生日那天,我拿出50元钱让儿子给同学买礼物。儿子告诉我不用了,班里给她祝贺了。

这件事之后,我们也改变了家庭成员过生日的方式。每当他父亲和我生日的时候,只要是周末和休息时间就回老家,回到父母身边去过。目的是让孩子明白:父母给了我们生命,养育了我们,我们应该去感谢父母而不能自己独享其乐。随着时间推移,孩子的大脑里就有一种意识根植下来:生日那天应该祝贺,应该感谢的是自己的父母。

今年我生日是个星期三,早忘到了脑后,还是孩子姥姥打电话来告诉的。当我回到家儿子很歉意地对我说:"妈妈真是对不起,您的生日我给忘了。将来我工作了,即使不能回家也要给您寄点礼物回来。"

听着儿子这话,我很是感动,发觉儿子要成我的"靠山"了。欣慰之余深深感受了正面影响的力量。

五

我们这有一座历史悠久的皇家道观。每年四月初八方圆百里的私人商贩、各地杂耍都会云集这里,很是热闹。

孩子已经到了能够骑自行车的年龄,于是我们三口之家每人骑一辆自行车去赶庙会。几十里的路骑了一个多小时,到了山脚下吃了点小吃,看了一场吴桥的马戏开始爬山。

熙熙攘攘的人流有的上有的下。在我们走到山的三分之一处时被六七个残疾人拦住乞讨,有的失明,有的失去双腿,有的脸被烧伤。男女老幼都有。其中有一个四肢健全但脸部烧伤的人走在最前面。儿子看到这种情况,躲到了我们身后面。

他父亲拿出60元钱。分别给了小孩、老人和行动不便的人。四肢健全的中年人他没给,并告诉他们:"善良的人只同情弱者。有手有脚能走路,能劳动的人是不给的。"我们继续上路,儿子边走边问:"老爸你可真有钱,拿出那么多给他们。您看那么多人不跟别人要跟您要,他们一眼就看出您有钱。"我问:"怎么判断你爸有钱?"儿子拽着他父亲的耳朵说:"就这大脑袋和大耳朵呗。我要买小吃不给,哼,给他们。"儿子显然没有明白父亲的心思。

我说道:"你看那些小孩没书念多可怜?那些不能走路的,谋生多艰难?社会是个大集体,他们是弱势群体,需要我们给予帮助。当然,对那些能自食其力而不去做事、好吃懒做的人一分也不能给。那些依靠小孩乞讨,残害儿童的人更不能给。要有分别地对待不同的人。"

儿子似乎明白了一点。从那以后他也用这个尺度帮助那些残疾人。看着儿子能独立判断并帮助那些弱势群体,我感到很欣慰。拥有一颗智慧的善良之心,他会受益终身。

启发孩子正确认识钱的作用,养成良好花钱习惯,学会理财是孩子生存能力培养的重要组成部分。家庭教育在这方面有得天独厚的优势。家长要将理财理念、方法渗透到生活的各个环节。不仅让孩子了解钱的实用价值,更能使其在正确使用钱的过程中成长。

带着窦娥去雅典
——保护孩子的想象力

课改后的历史教材以模块专题式呈现,知识跨度大,典章制度名称多,学起来比较枯燥,记忆比较难。据于此学完两个单元后,我给学生布置开放性作业:结合所学内容写出你的所思所想。

我先让班长把作业收上来。其中有一名学生我们叫他 B,写了一篇文章,题目是《带着窦娥去雅典》。班长说不行!这是不可能实现的事情,人物和地点风马牛不相及,回去重写!该生不写,觉得自己写得很不错。于是班长让同学表决行不行,班上多一半学生说不行!该生气冲冲地来找我,我要说不行,他就重写。

听到该生的题目,我就喜悦地笑了,多有创意呀。我迫不及待地拿过他的作业,一气读完,太好了。我说,把作业先放这,你把班长叫来。

班长得意洋洋地来了,她以为我肯定支持她。为了不伤她的自尊心,我问:"班上很多同学都觉得他瞎写?"班长说是的。"那么你觉得他的作业错哪了?"

"他有个缺点,就是爱想那些实现不了,不着边际的事情。我爸妈从小就告诉我这样的孩子长大不靠谱。"

"靠不靠谱,你管得着吗!"

我示意 B 息怒,先回教室。

"你们从小就在一起长大?"

"是呀,是邻居,否则我才懒得管呢。"

"小时候哪件事情让你记得最清楚他爱幻想?"

"上一年级时候,有次放学回家。他看到路边卖圣女果的,就对我说,我将来把西红柿种到月球上去。这不是瞎说吗?月亮上是嫦娥、玉兔、吴刚、桂花树呢。他还说,他长大要发明一艘独特的船,没有桨,一个月,把太空转一圈。他就这样胡说八道。全是疯话,不靠谱。窦娥是元代人,给弄到公元前三四世纪的雅典去,您说这靠谱吗?我爸爸说了,脚踏实地、实事求是,别想不靠谱的事。"我笑了,让班长先回去上课。

显然,父母的教育在她的大脑里根深蒂固。更可怕的是班上竟有多一半的学生赞同她。显然,这是一种不良的家教方式。赏识是求知上进的源泉,梦想是创造奇迹的翅膀。不正确的引导方式会折断孩子们智育发展的羽翼。我该怎么做?

我给每个同学复印一份,然后小组讨论:B 写的有什么特点?最后让 B 回答他的思路。

先看正文:

今天我们历史老师在给我们讲公元前 8——公元前 3 世纪的古代希腊政治制度。

说心里话我并没有安心听讲,思维开了多半节课的小差。开小差的原因还应怪课本的内容。课本上说古代希腊的主要政治制度是民主制。我就那闷了,这早就有民主制度?民主不是近代才出现的吗?老师在瞎说?历史老师出示了很多文字和图片资料来证明民主制度的起源地点——雅典。还有民主制度的具体表现,其最高权力机构为公民大会,所有的问题都由公民大会表决。更让我吃惊的是他们对发言人是有条件限制:如殴打父母,不孝敬父母和挥霍父母财产的人没有发言资格!听到这些我想起了我们中国古代窦娥这一小女子。

通常人说自己被冤枉都会说这样一句话:"我比窦娥还冤呢!"窦娥是何许人也?她是元代关汉卿所写的中国十大悲剧之一《窦娥冤》中的主人公。

故事是这样的:山阴书生窦天章因无力偿还蔡婆的高利贷,把七岁女儿窦娥送给蔡婆当童养媳来抵债。窦娥长大后与蔡婆儿子成婚,婚后两年蔡子病死。后来蔡婆向赛卢医索债,被赛卢医骗至郊外谋害,为流氓张驴儿父子撞见。赛卢医惊走后,张驴儿父子强迫蔡婆与窦娥招他父子入赘,遭到窦娥的坚决反抗。蔡婆有病,张驴儿把毒药浸在羊肚儿汤中,不料给张驴儿的老子吃了,把他老子毒死了。张驴儿以"药死公公"为名告到官府,窦娥被人冤枉说她害死了人。而那个昏官则不分事理地宣判窦娥死罪,造成冤案。剧目中有这样的唱段:"有日月朝暮悬,有鬼神掌着生死权。"是说现实世界有它固有的统治秩序,人们的命运掌握在天地的秩序之中。作为主宰万物、维持现实世界秩序的最高统治者——天地,本应该使社会清明,公正无私,却是非不分,曲直不明。"为善的受贫穷更命短,造恶的享福贵又寿延。"直接指明现实中存在的不公平现象：坏人得志，好人受欺。这种现实世界的不公平和天地间应该存在的公理形成鲜明的对比，不禁使人对主宰万物的天地产生怀疑。"天地也！作得个怕硬欺软，却原来也这般顺水推船！"这一句是对前几句的总括，指明了天地并不像人们期望或相信的那样维持现实的公平合理。这句指责，推翻了天地在人们心目中的崇高而神圣的地位，对人们现实和精神世界的最高统治者天地作了深刻的批判。紧接下来，悲愤之气达到极点，便是对天地的直接而强有力的指责和痛斥。"地也，你不分好歹何为地，天也，你错勘贤愚枉做天！"这不仅是要推翻天地在人们心目中的地位，更进一步要推翻天地在现实世界中的地位。这种对天地大胆的指责批判在古代以天为上的社会里是不多见的。中国古代人民因为以农业为生，特别重视"天"。现实世界的最高统治者皇帝被认为是承接天的旨令，代替天来行使统治权。因此被称为"天子"。故事真实而深刻地反映了元蒙统治下中国社会极端黑暗、极端残酷、极端混乱，同时也让后人看到在君主专制统治之下的中国有怎样的司法制度。

想到这些，我有了一个突发奇想。她在雅典很可能不会遭受被斩的结果。于是我就想穿过时空隧道，带着窦娥来到雅典在民众法庭重新审理这个案子。

公民大会的日子到了，30岁以上公民集中到雅典广场共有1万多人。只见一个执政官说："今天我们的主要任务就是审判张驴儿状告窦娥害死其父的案子。现在由张驴儿陈述过程。"张驴儿叙述着经过并指证就是窦娥杀的。这时一个年轻人站起来说："我是窦娥家的邻居，她家只有婆媳俩，怎么会毒死你父亲？"另一个六十多岁的老头站起来说："就是呀，你父亲怎么会死她家？"大家都要求张驴儿解释清楚。这时候司法执政官说："难道是你毒死了自己父亲？"张驴儿大喊："不可能，要不就是蔡婆。"公民大会要求民众法庭继续审理这个案子，给10天的时间做调查。10天过去了，500人议事会召开，10个司法官坐在台上。大家要求张驴儿说清楚为什么去窦娥家，去她家的目的是什么。最后张驴儿不得不说出他想霸占窦娥，想毒死她婆婆，不

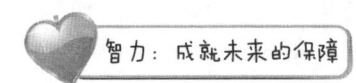

成想,那有毒药的汤却让他父亲喝了。于是500人议事会要每个公民往箱子投放小石子,来表决对张驴儿如何处罚。张驴儿被处死了,窦娥的杀人罪名洗刷了。

铃铃,下课了!

我从文学的角度,从内容的角度,从写作手法的角度让学生讨论,大家积极热烈。

最后全班得出一个结论,这是一篇好文章。可以带着窦娥去雅典!我随之进行了总结:

这篇文章以夹叙夹议的形式把古代东西方政治制度的特点做了总结并进行了评述。叙述抓住了同一时期东西方政治文明的不同特点。

B高兴地站起来欢呼,大声说:"谢谢老师?"给我深深地鞠了一躬。

下课的时候我对同学说,既然咱们说这是一篇好文章,那咱们就给相关报纸杂志投稿。看看人家怎么说,这件事情我来操作。

两个月后,该文章被陕西报业集团主办的《中学生历史报》登载。

半年后,B写出了很有意思的小说《索马里海盗》

第一节,夜会海盗始祖德雷克

……

伴随着高考的临近,一直没有过问。B的小说写到了何处,我想他一定会坚持下去。

家长们,开启孩子的思维首先要让孩子学会梦想,其实每个孩子都有多彩的梦想。成年人看来是异想天开,但却是孩子的精神财富。有了梦才会有激情,这种可贵的心灵动力,最大限度地激发了孩子的潜能,有利于充分发挥他们的想象力和创造力!家长们不要用自己的粗暴泯灭了一个伟大的发明家。

小狗会惭愧吗
——抓住孩子学习的衔接期

孩子上了小学，家长们都清楚有项重要的工作就是给孩子检查作业，听写生字。遇到组词、造句孩子不会的还得帮着做。

我的孩子也不例外，家长不干都不可以。因为老师的短信随时汇报着孩子的情况，每天给家长留"作业"。我一周晚上辅导学生两次，还有三天早晨需要6点半到学校辅导早读。晚上9点有时候10点回家，孩子早已经困得在沙发上打瞌睡；放学把孩子带到学校，等到9点，他早趴在办公桌上睡着了。老师给家长"留的作业"真得成了我的负担。我开玩笑对同事说：看，我开始上小学了。

一个月后，我决定不再给他听写生字，让他自己独立完成。我家有个大录音机，不是很好用，一般我边干家务边听新闻和歌曲。孩子不是很喜欢，于是我又买了一个袖珍录音机。我告诉孩子这是送给他的礼物。

机会来了，我对孩子说："今晚我得上三节辅导课，十点回家，你父亲值班。我到家你已经睡了。你看，听写生字的事情怎么解决呢？"

孩子歪着头，看着我说："就是呀，我自己怎么听写呢？我自己默写，遗漏字怎么办？"

"对呀，怎么解决遗漏问题。"我手抚摸着新买的录音机说。

"我有办法了。"儿子兴奋地说："我先把生字读出来录音，然后我再放，默写。"

"真聪明！"我也是这意思。但是这主意要孩子自己想，避免他有强迫感。

"注意,听写完,对照书看一遍。哪个字写错了,写错的在旁边写两遍。"

"写两遍就可以吗?"

"当然,错了,你看看错在哪里,再默写。如果写对了,一遍就可以或者不写。"

老师们、家长们普遍认为,听写是加强记忆力、熟能生巧的最好办法。总认为学习不好的原因就是懒、不爱记。殊不知,长期下去,孩子不善于思考,不会思考,更离不开家长这拐棍了,行为的懒惰源于思维的懒惰。

上完学生的晚自习到家孩子早已经睡着,我从书包里拿出作业本。看看是否有擦痕,错了是否写两遍。

早晨起床,我还没来得及问,孩子先说了:"妈妈,我错了五个字呢,我按您说的去做了,写了两遍。"

我抚摸着孩子的头说:"很好,再过几天,就会一个不错了。"

周末,我对孩子说:"来,咱们看看那些为难我们的字词是不是被你拿下了。"

通过检查发现,错得次数最多的是惭愧两个字。

儿子问,"您不会觉得听写是抄的吧?"

我说不信!

儿子很纳闷,继续问我:"为什么那么相信?难道就因为我是您儿子?"

我对他说:"不是,因为骗自己的后果是需要自己买单的。"

这时儿子不好意思地对我说,"老师罚我写了15遍,可为什么我还写错?"

把左边的偏旁写成了提手。

我对他说:"你把我给你的好本子弄丢了,觉得很对不起我,你是哪里觉得对不起?"

儿子说:"是我心里呀,是心里觉得对不起。"

"那小狗做错事,会惭愧吗?"

"会呀!小狗是很知趣地躲得远远的。"

"小狗是动物,不是人吧?既然心里觉得对不起就是惭愧,那么应该是什么偏旁呢?"

儿子脱口而出:"竖心旁!"我夸奖他真聪明。告诉他中国字很有意思,方方正正像做人那样。只有理解了用得才恰当,才不写错。从那以后他写错字极少。

拥抱太阳

——教育理念面面观

六月底,学生考完试,我也给自己的心放放假,约了三家朋友,去北戴河海滨玩几天。路上,大家一致决定:在离海近的旅店留宿,因为日出是必须看的!到了海滨看了七家旅店都告知人满。当大家都走累了的时候终于找到一家看起来很不错的宾馆。宾馆的规模可不小,前后两栋楼,各4层,中间是宽敞的停车场。大门口还有热情漂亮的女服务员和帅小伙在招揽顾客。一宿是260元。到房间才发觉条件不是很好:有一股霉味,被褥湿漉漉的;卫生间不是很干净,墙壁发黑,自来水管也不是很好用。我们的房间还好点,隔壁的房间几乎所有的设施都没办法用!看宾馆外观怎么也想不到里面会是如此,好在离海仅20分钟的路。正是旅游的旺季,全国游客都知道旅游行业三季磨刀,一季宰人。

当孩子们还在梦中品味着螃蟹的余香时,我们几个成年人就起床步行去了海边。宾馆距离大海不是很远,不时听到海水退潮的声音。沐浴着早晨的海风,感觉很凉爽。到了海边,已经有很多人在等待,小孩子是比较少的,中年人居多。

天空是浅浅的青色,海水则泛着灰白。大海还是静谧的,海浪轻柔地拍

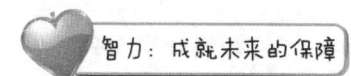

打着海岸,似乎还沉浸在昨夜的梦中。我走到沙滩上踩着海岸细软的沙,感觉海滨的风凉爽得发冷,后背透出凉意。我靠紧先生,站在那里观察着海面。雾缭绕的海面上,随着海风的轻轻吹拂,那些用以养殖海带的玻璃球一排一排横在海面,像小孩的小脑袋时隐时现,远远望去如同灯光点点,泛起荧亮光芒。

  我看到了海面的变化:开始出现各色小圆点,这些小圆点似乎正在扩大它们的领域。红色的金色的紫色的云霞一片片向四周铺开,如同太阳神拉开了床幔。天空的星星知道它要起床害羞似地不知何时全都消失了!宇宙此刻似乎只等待着太阳神起床,站起!太阳神装出不认识这个世界似的,胆怯地露出小半个脸,缓缓出场。大地妈妈好像不愿意让太阳神离开自己似的,拽住太阳神的衣角,迫使它一点一点往上挪!

  刹那,太阳神如同转正了脸,对面的红霞下边出现了一大块金黄的色彩。这时我们身边的人多了起来。"快看快看!""日出!日出!"旁边有孩子们欢跃的招呼声,也有成年人惊喜之余发出的感叹声!原本低头捡拾贝壳的人都连忙直起身来,更多的人举起相机咔嚓咔嚓地拍照。

  此时太阳成了一个金红色的半圆,天空明亮了,高高的云层被染上金边。金黄的色彩好像在流动,但仅局限在一定的范围里,晕晕的,一点不刺眼。我知道这是日出的前奏了!这时我深刻理解了一个词:喷薄欲出!不到两分钟,东方出现了彩霞,就连西北方、南方的天空也褪去了死气沉沉的外衣,穿上了深蓝色的裙子!

  时间论秒计算,半圆很快变成了一个椭圆的火球。烈火只在椭圆里燃烧,而且燃烧成了白色。最重要的时刻终于到了!——椭圆的火球一点点升起来,最终跳出海面,成为一个圆圆的太阳!

  我伸开双臂想拥抱它,我还想跪地顶礼膜拜!我更想发自肺腑地说"我心中的太阳!万物之灵!"

  十几分钟过后,太阳终于挣脱了大地母亲的怀抱,跃上了天际。这时我们仍然可以看到另一种风景:海边忙碌的中年人。

当红彤彤的太阳跳出海面后,大家按照心中早已设计好的方案,急忙捕捉这美好的瞬间。找位置,选角度,抢着与万物之神——太阳神进行合影!他们留影的姿势相当有趣。

他们有的把太阳置于自己的右肩上,右胳臂弯曲向上,右手指弧形叉开,样子像按住太阳不让它从肩膀上掉落下来。金灿灿的阳光把他们的脸盘映得通红,人也张着大嘴呵呵地笑。好不开心!他们肩上"扛着"的不是太阳而是他们的孩子!他们要让孩子站在自己的肩膀上,向广阔的天空腾飞!快乐、幸福洋溢在脸上。

有的人不急不躁,等待着太阳慢慢升到自己的头顶,然后,双手在头顶做扶住太阳的样子。他们微笑着,期待着,那么惬意,那么深情。看着他们的样子似乎在说:"孩子,大胆地去闯,有爸爸妈妈护着,没问题!"

有的人更有趣,他们弓着身子,双手作捧着太阳状。眼睛盯着太阳,小心翼翼,像捧着一件价值连城的珍宝,生怕一不小心会摔碎似的。他们看着手中缥缈的太阳会心地笑着,似乎在说:"孩子,你放心,有爸爸妈妈为你护航!"他们好像捧着的不仅是太阳,而是全家的未来、希望!

有的人不怕辛劳,弯曲着30度的身子,双手五指弯曲张开作上按下托太阳状,就像武林中的太极高手站桩似的。他们觉得这样呵护太阳再放心不过,抿着嘴窃窃地得意地笑着。那笑似乎在说:"孩子,你跑不了我们给你设计好的生活圈!你必须一切听我们的!"

有的人动作潇洒有趣,一只手放在后背,另一只手作托起太阳状。眼看前方,自信地笑着。似乎在说:"孩子,大胆点,你起飞吧!"

"行为是思想和理念的内在反映。"从心理学的角度看,这些成年人与太阳合影的不同姿态,不是正好反映了当今中国家长教育孩子的心态吗?!朋友,呵护太阳,你选择哪一种?

眼前是大海的纯净,太阳的辉煌。阳光洒向无垠的大海,万根金针直射水面,让人分不出哪是水,哪是天? 我的眼里只呈现出一片灿烂,那似乎就是我儿子。海风不再叫我后背发冷,只剩下舒适和凉爽,因为太阳出来了!

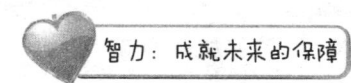

太阳的光芒慷慨地赠予了我,也赠给了人类!那么我们应该回赠点什么?思考着随口念出几句顺口溜:

那是天边

一朵五彩云团

那是脚下

松软的沙滩

那是天边

远行的帆船

那是脚下

孩子成长的浪花点点

天水相连地方

是我梦的开端

海,托起宇宙之神

我拥抱你——心中的太阳!

幸福的时光

——让学习成为信仰

一

周末,我去首图听公益讲座。中午时间短,就到一层的阅读室去看儿童读物。

一会儿，与我间隔两排桌子的一个男人的读书声传入我的耳朵。

"小蚂蚁站在海边哭得好伤心。"

"为什么哭呀？"一个稚嫩的声音问。我歪头看，一个小男孩用手托着下巴问。

"别打岔，让你爸爸继续读。"

"喔，这是三口之家，一起来读书。"年轻的女人摸着儿子的头说。

"大象走过来问小蚂蚁，为什么哭呀？"

"大海哪里是岸呀？"

"我这么小，看不到。"

"你比我大，你看看哪里是岸边？"

"大象蹲了几下，也开始哭，对呀，没有岸边了。"

"呵呵。大象也哭了，呜呜呜。"小孩子边用小手假装擦泪边学着哭。

我被书的内容、孩子父亲具有磁性的声音和小孩的快乐感染着。读书给他们带来的快乐使他们全然忘记了自己在公众阅览室。

"别闹，听你爸爸念。"

孩子的父亲用手拍拍他儿子的后背继续读。

"这时候小猴子过来问，为什么哭呀？大象说，我们看不到岸边，你能爬树，上树看看岸边好吗？"

"啊，大象也上树了吗？"

"别插嘴！"母亲捂着孩子的嘴说。

"小猴子爬到树上，蚂蚁也爬了上去。一会猴子也哭了，蚂蚁也哭了，大象在下面哭，它们好伤心。"

"哈哈哈，他们都哭了。"小孩子笑着说。

"这时候一条小鱼游过来问，你们哭什么？""我们找不到岸边了。"小鱼欢快地游着，把水搅动得哗啦啦响，兴奋地说，"你们站的地方不就是大海的岸边吗？"

这时候我看到小孩子那双惊异的眼睛。

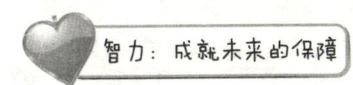

"呵呵呵。"母亲乐了,孩子乐了,孩子的父亲也笑了。

"好!"就这本,咱回家读去!我看到父母拉着孩子的手,孩子蹦跳着走出了门厅。

多么快乐的一家人呀,每人的脸上荡漾着幸福的微笑。

我相信,在家里,这样的读书场面会时时出现。读书带来的快乐会根植在孩子幼小心灵里。我相信,这会融入他成长的岁月里。

二

今年一月中旬的一天早晨8点多钟,我准备去万芳亭公园打球。从家到公园需要走十几分钟的路,靠马路的人行道两侧栽植了松树绿化带。在距公园不到50米的绿化带里我看到一名拾荒老人,坐在废纸箱堆上,用一条看不清颜色的破棉被把自己裹起来。他的腿前放着一摞报纸。他边吸溜着鼻子边津津有味地一张一张地翻看那摞报纸,边看边笑。北方的冬季干冷干冷。老人灰白头发像深秋的野草迎风飘动。我靠在离他丈许远的电线杆上,欣赏着他幸福满足的笑。他的右侧哐当哐当不时有飞驰火车驶过;他的左边间隔不到三米就是机动车道,长龙似的机动车隆隆乱叫。可他心里流淌的却是阅读带给他的快乐小溪。他猛然抬头看到我在看他,咧着嘴,露出黄牙说:"大熊猫抵法国受到热情欢迎,咱们的国宝出国了呢。"幸福流露在他的脸上。我点头作答。

这位街头的拾荒者,他在开玩笑吗?不是,的确1月16日的报纸上有这条新闻。自己的生活没个着落,还关心国家大事!读书——让他快乐得忘了自己的处境,人生要的不就是这种境界吗?幸福是自己感知的,体现在阅读的过程里。

我在想,他会去思考生活的意义吗?会的,能捡到当天的报纸,能够每天读到新闻就是有意义的事情了。或许就是这些报纸、杂志、书籍在支撑他快乐地生活,读书已经成为他的习惯。

三

跟这位老人比,我要幸运得多。

时隔不久,午后上网,我的学生对我说:"老师,去书社没有?""书社?""LQ8 书社。"我很好奇。本地的书店我了如指掌,但书社还第一次听说。书社和书店有什么区别呢。

书的馨香,那种深层的阅读和思考性的感受,不是电脑网络阅读所能替代的。生活需要那份质朴、温馨的感觉。我像孩童期盼精妙绝伦的玩具般迫不及待地想去那里。于是关掉电脑,沿着学生告诉我的路线一路走着,为散步也为看路边的风景,还有一探究竟的好奇。

距离越近微妙的召唤感越清晰。推门,拾阶而上,墙壁上有各种类型的木质挂画。到了二层,一盆绿萝像穿军装的战士迎接着我。我用手抚摸一片叶子,嗅了它一下,淡淡的清香沁入我的胸腔,真好!

这是一室一厅的住房格局。朝南,东西两边是书架,中间放着小方桌。上面摆了9 摞书,一摞三本。环视一下,看到一位二十多岁的姑娘靠在临窗的小桌前看,边看边写,她并没抬头看我。

我走向柜台问:"有人吗?"

柜台的后面一名穿红外衣白兔领的姑娘站起招呼我。她坐在哪里弄电脑,没听到我的脚步声。她的气质告诉我不是本地人。于是我靠在柜台前与她扯了几句。

她告诉我她是广西人,刚来两个月,学新闻的。

我继续环视书社,北面的空间大些。三分之一处隔断分开,挂了纯白的流苏幔。靠窗,靠墙三排小圆桌,桌的两边是绿色的舒适沙发椅。轻缓流畅的音乐似乎从我们手指间轻柔地划过。

要了一杯十元的伯爵红茶,拾起桌旁的《闲人偶记》。靠窗坐下来,哎,有茶喝,有舒服的座椅,听着欢快的轻柔的古筝伴奏,心境都能变得像散文一样空灵清静。读书,真好!

一会儿,翠绿的茶杯,淡淡的柠檬味道的红茶端来。抿一口,惬意。太好了,我要读书了。像游牧民族一样,在文字的草原上漫游,唤醒我沉睡的心灵,品尝阅读的美妙诱惑!

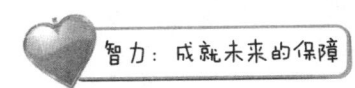
智力：成就未来的保障

三杯茶，只一会的功夫，第四杯没等我说话她就主动给我续满。文字好似一杯香茗，愈品愈香，意犹未尽。小姑娘打开灯，喔，窗外天色已黑。我该回家了，时间过得怎么这么快呢。

读书的感觉让我品味起久远的时光，回到年轻时代。

首师文学院的路口东有家国际书店。记得读研究生时，三点放学。我成了那里的常客。

几乎每天跑去看书。

二层有供读者休息的地方，塑料桌椅。没两天，发现那个休息室给锁起来。怎么办呢？就想，这书要是我自己的就好了，搬回家慢慢地看。可惜，没钱。

叹口气，瞟了服务员一眼，很内疚地在楼梯边铺上报纸，书放在膝盖上。常去的还有二人，我们经常碰到。我想他也和我一样肯定也是个挣工资的穷人，也只能和我一样坐在台阶上看书。

好在书店的服务员并没轰我们。到点就喊一声："关门了，该走了。"那语气充满了对我们的不满。但我常用阿Q的方法安慰自己："没看你家的书！"这句话让自己歉疚的心坦然下来，去了还去。

书店我很是留恋，在那里我读了很多教育大家的作品，我深受他们的影响。

儿子高考填报志愿的时候我跟他提起了那书店。不久他对我说："那连书店的影子都没有！"

果然我再去时书店已经不存在了，改建成了高层民宅。那段时间里三点后的读书，就成了我永久性幸福的回忆。

学习是一种信仰，人活着就得有信仰。信仰让我们战胜苦难，透彻人生意义。既然学习是一种信仰，那么养成读书习惯便是树立信仰的捷径。

读书离不开阅读，阅读是读者与作者心灵沟通，享受共鸣的过程，这个过程也是体验幸福的过程。让我们都来享受这幸福的时光吧，让读书成为一种习惯，学习成为一种信仰。

尤其是我们的孩子！

美·劳:愉悦身心的阀门

"上帝为我们开启了心灵的窗户,我们用它来寻找美。"培养孩子寻找美、发现美、传播美的意识和能力,将会影响孩子的一生。

春之韵

——撒播爱家乡的种子

春天是万物复苏的季节。

"唧唧—啾啾—唰唰"

窗外一阵欢快的啼鸣把我从清晨睡梦中唤醒。浅绿色的窗帘遮住了山村的晨曦,我躺在床上仔细聆听。半分钟之后我断定就一只鸟!几秒钟的停歇:"唰啾唧唧啾啾"又连续鸣叫,持续一分钟之久!鸟声透着细瓷的质感清脆地传过来!婉转迂回的尾音拖得很长很长。这分明是春——来——了!报春鸟?这是一只报春鸟!它是乡村的天使,它唱出了春天最美妙的音符!奏出春天的韵律。

我轻拉窗帘,环视窗外:熠熠青光从天宇倾泻而下,山峦影影绰绰。东张西望半天只闻鸟声不见鸟影!

我翻身坐起,决定领着孩子们到北山脚下,亲吻那块土地。那是父亲包产到户后分得的一块二亩左右的地。每年父亲都早早地把它平整得松软如毯。

太阳出来了,我们走在地坝、田间。

"看,这叫苦菜。"我对孩子们说:"蒲公英,蚊虫叮咬,捣烂敷上消肿散结;鸡冠花的茎可以吃。"我边说边吸茎里的汁。孩子们也学我的样子,入嘴品尝。"这是野韭菜,比我们种的韭菜味道浓。"

……

我们来到了那块地边。

泥土被暖风和阳光从冬眠里唤醒,伸着懒腰打着哈欠好不情愿,它用土气熏染着人们的胸腔。

"空气感觉怎样?"我边深呼吸边发问。

"清新,过滤一样!"侄女说

"呸!土腥味!"外甥和儿子大叫

但对于我,那沁人心脾的温香如恋人的皮肤,有吻它的欲望。

我突然有光脚在土里奔跑的欲望。

我把鞋子和袜子脱掉,光着脚率先跑进地里。松软的土地抚摸着脚心,凉丝丝,舒服极了!我伸着胳臂,转着圈,仰着头对着北面的群山大喊大叫:"嗨!!我来了!"

孩子们也不安分了。

学着我抛掉鞋袜,笑着嚷着跑了进来。喔,孩子们在松散的土上打滚。脸上粘上泥水,用手擦一把,京剧大花脸!我忘记了小孩最爱玩土,这下他们可疯了。

看他们在挖地洞,在用土做造型。哇噻,儿子在用尿和泥巴做馒头呢。只有侄女文文静静地把脚伸进土里,脸上无泥无汗的,咧着嘴甜甜地笑,不时地吆喝着弟弟们,"看你们,怎么回家?"对呀,回家肯定挨说,管它呢,先玩个痛快再说。

我一声号令,老鹰捉小鸡,谁当老鹰?!

一时,脚下沙沙作响,空中黄土飞扬;笑声,呼喊声回荡在北山脚下。

我们正玩地欢,几只狗的叫声让我们停歇下来,侄女说:"看,主人来了,快跑!"我天生怕狗,慌忙抓鞋。侄说:"老姑,别怕,这是咱家的地。"

的确,小狗没奔我们来。

离我们不远的东南角,有一棵不过丈许高的梨树。梨花盛开!梨花开得洁白,开得欢快,那诱惑是无法抗拒的。摇曳的花瓣似乎招呼路人:"到这儿来看看我们!"一对男女青年在折梨花。男青年双手拽着梨树的枝杈,正欲扶住一枝花朵放到鼻子前嗅时,就听到"汪汪……"的狗叫声。

一条黄狗奔腾而来。随后几条狗也跑了过来。年轻人被六条小狗包围

了。这些平时温顺的小狗,现在一个个都跟急红眼的老虎一样,露出狰狞的面孔狂吠着。

"奔奔,不许叫!"一个围着红色纱巾,挎着荆条笼子的中年女人出现了。我们也围拢过来,6只小狗。其中有一只黑色的阴阳狗,看样子它是头领。对着我们前后左右乱叫。

"呵呵,这是我家的梨树,这几只狗认得这棵树是我家的。"男女青年连声说着对不起。男青年说,"梨花雪一样的白,想摘下一朵闻闻它的味道。"

"我来,我给你们折下一枝!"大姐说。

我和大姐闲聊。

"是密梨还是雪花?"

"啥梨也就今年这一年了,这块地让咱们村部卖给一个开发商。你看到这大片地将要盖起一个养驴场。你进村,路边的饭店就叫全驴店。"

"喔,那你们怎么办?同意吗?"

"我们能怎么办,我们哪能做得了主,原来这地边布满了一尺宽的铁管子,现在都让人砸吧成铁块卖了。没人管,谁把土地当回事?"

听着大姐的牢骚,我的高兴劲也荡然无存。

松软的土地,盛开的花朵,他们能读懂农民的心情吗?用制度确保农民的利益才是行之有效的出路。这样,善良勤劳的农民兄弟姐妹才有春天般的阳光。

喔,给人希望的春天。那么希望在哪里?它深藏在春韵里。春韵:孩子的嬉笑、打闹;小狗的狂吠,更有土地主人深深的叹息声。

孩子们在摔跤!发自内心的欢笑声响彻山谷。

我招呼他们回家,他们很不情愿。

回家的路上我问:"小的们,玩得怎样?"

"我有孩子了,也让他到这里来玩!"儿子严肃的回答迎来了我们哈哈大笑。

这有什么不可能呢?爱土地,爱家乡,爱祖国不就是这样代代传承下来的吗？爱，需要亲身体验，否则我们说多少遍，小孩子们都难于理解。

我们需要给他们提供一个环境，这个环境应该是自然的、真实的、美好的、自由的。如此，不管将来他们行走到何方，都会眷恋这块土地。

杏林中的百灵鸟
——你是土地的主人

又是杏儿的成熟季节，我和先生准备去杏林摘杏。

一会儿，我们就到了提前打听好的那片杏园。杏林位于熊耳寨村，南北两面都是山坡，杏园就位于山脚下。

马路边已经停了一溜车，好大一会总算停好车子。我站在路边开始打量从西到东看不到边际的杏林。红艳艳的杏子掩映在绿色的叶子中。叶子在微风的吹拂下一会撩开，一会又把它们遮住。真真是"犹抱琵琶半遮面"。又如李清照所说："和羞走，倚门回首，却把清门嗅。"它们羞羞答答害羞远来的客人给他们相面呢。

这大片的杏林分属于不同的农户，我们正发愁去哪一家的时候，从杏林深处传来歌声。

"迎接另一个晨曦，带来全新空气。"是个女孩在唱。

"气息改变，情意不变。不管远近都是客人，请不要客气。"歌喉富有弹性，歌声富有磁性，如同林间百灵。

我们寻觅着歌声走近杏园，老公也受歌声感染，附和道："想摘就摘，想吃就吃，我当然不客气。"

"呵呵！"林里传出一位中年女人的爽朗笑声："你接得还很押韵。"

老公说："今天就是你家了，我可不会客气。"

这家杏林离路边较远,但是客人不少。他们都钻进了杏林,有的在地上给杏树挨个相面,还有的站在树下给杏儿相面。相中了就用手勾住树杈把果子摘下来。托在手心,微笑点头说:"这个好!"左看右看之后,讲究点的,用手巾纸擦擦,把两腿叉开,弯着腰;不讲究的,相完面,张开大嘴就咬。

这时候,歌声又起。还是那首歌:"我家大门常打开,开放怀抱等你来……陌生熟悉都是客人,请不要拘礼。"一个客人回应道:"你家也没大门呀!"呵呵呵,众人都愉快地笑起来。

我顺着歌声寻找唱歌人。

那是一个二十多岁的姑娘,她上穿深红色T恤,下穿牛仔裤,脚穿旅游鞋。她把笼子挂在树杈上,一手弯曲树枝,另一手托住杏儿,一拧,杏子就掉在她手上。她边唱边摘,看她娴熟的摘杏动作,不难判断她肯定是摘水果高手。

也很巧,这时候正好摘好一笼子,叫道:"妈,接笼子。"由于我正在树下,于是说:"我来!"

"不用,会砸到您的。您只管拣好的吃。"

趁她低头放笼子的时候我仔细观察她:修长的腿,秀美的面容,杏核眼,柳叶眉。我不由惊叹,难怪人家都说:"高山出俊鸟。"成天跟泥土打交道还如此的干净、利索,真是瑕不掩瑜。

这时候,她已经拿起空笼子,换了一个树杈。我在树下看着她。

我看她在树杈之间栓了一根绳子,用手拉着绳子踩在细杈上行走。步伐轻盈,如同树上跳跃的小鸟。我在树下看得担心,我对她说:"实在不好摘的话,就不要了,可不要摔下来。"她回头看我一眼,微笑着说:"阿姨,您就放心吧,摔不着。树尖上的果子一般都是最好的,客人来的目的就是要最上好的果子,不管多难我都会把它们搞定。"

我提出上树摘。她说:"您要上,凳梯子。要不会把树皮搓坏,那样树就疼了。"说完,她不好意思地笑了。

她母亲听了,斥责道:"怎么跟客人说话?我们是怕把您的衣服给弄破,那样,我们不好意思。"母女把树看作与人一样有知觉,有感情了。的确,既然都是生命,树掉了皮,跟人一样也会感觉到疼。现在,大学里不是有一专业叫无脊椎动物的语言,树也许有自己的语言呢。

既然不能上树,就在树下看着小姑娘穿梭在树杈间,像小鸟一样上钻下跳地摘杏儿也很有意思。

边看边聊天。

"看你摘得很熟练,难道不上学了吗?"我仰头对女孩说。

女孩的母亲搭话了:"不上学?!我呀,从小就灌输,书得好好念,家里的杏林还得归你管。农村孩子就得有农村孩子的样!你看,她比我跟她爸摘得都好呢。我从小就灌输:这块地,你是主人!"幸福与满足荡漾在她的脸上。

女孩接过话茬说,"想到我有这么一大片树,我就心里美。我可以在这块土地上随便折腾!我爱这片土地……"女孩唱起了歌。

我对女孩说:"我猜你学的是体育。你看,修长的腿,一看,就是体育健将。"

"呵呵。"女孩轻盈地笑着回答:"这回您猜错了,我学的是旅游。我的目标是把我家打造成为远近闻名的民俗户!我家就我一个女孩,从小爸妈把我当男孩,他们让我在这几亩地上瞎折腾。每个周末,尤其是暑假,我都回家帮他们干活。更重要的是,得看着他们别把我的宏伟蓝图给破坏了,呵呵。"

女孩的语气透出自信、快乐,这就是21世纪农村女孩。

说着,听着,吃着,看着,很快太阳就升起来。阳光直射进树林,杏叶开始打蔫。女孩的衣服已经湿透,她不停地擦着脸上的汗。

她又唱起歌:"我家杏林要关门,杏儿们需要阳光和空气。""呵呵呵。"大家又笑起来。她是在给人们传递一个信息:杏园采摘到此为止。

那歌声如同百灵鸟的吟唱回荡在果园里。多么富有智慧的农村小姑娘,她用歌声给自己的果林做广告。这时候有一个客人说:"我给你的果园

起个名字,就叫百灵鸟果园。"这时候小姑娘对她母亲说:"妈妈,记住没有,回家让我爸赶紧制作一个高大的木板,上书:百灵鸟果园!"小姑娘快乐地用手比划着。

小姑娘两手叉腰,甩了一下马尾辫,对客人说,"你们今天采摘满意否?"

"呵呵呵,满意满意,就是对你的早关大门不大满意。"

"那您以后就别睡懒觉,早起呗!"

太阳很快爬上了东山顶。那金灿灿的阳光照在果园里的杏子上,也照在女孩的脸上。女孩脸上的汗珠像金子般发出光芒。女孩母亲看着孩子,骄傲地笑着。

秋之歌

——恋上这方土地

一 扒栗子

金黄的树叶离开了树枝,羽毛般在空中旋转着,恋恋不舍地回归到大地母亲的怀抱。

10月中旬,农户们秋收基本上完毕,我们就可以到树下去寻找他们遗漏的核桃、栗子以及山楂。让孩子们去感受秋天,体验秋天独特的韵味。

出发前,早饭桌上,母亲对我们说:"栗子,干果之王。你们看,它很像人的器官腰子(肾),因此,有'铁杆庄稼''木本粮食'之称。"

儿子兴奋地接话茬说:"那人就站得直,谁也扳不倒!"

我也只知道它能供给人体较多的热能,并能帮助脂肪代谢,保证机体基本营养物质供应。

"我看跟鹌鹑蛋差不多,就是颜色不一样。"5岁的儿子又发表了观点。

"鹌鹑蛋是你的最爱,你觉得什么都像。"侄指着儿子笑着说。

"包裹它的外衣像刺猬。"小侄女也不甘寂寞。

"对,我们需要拿个棍子,把他们扒拉出来,再用石头砸开,里边的黑葡萄就挤出来了。"上3年级的外甥继续骄傲地说:"我们很多同学没见过栗子的外衣,我怎么跟他们解释栗子的外壳藜蔃棱他们也不明白,(土语叫藜蔃棱)我决定带回让他们看看。"

真好,天高云淡,带着母亲的叮咛,我领着孩子一行五人出发了。其中包括邻居的孩子彤彤,她是小侄女的同学。

栗子树长在山坡上。

山坡上有很多杂草和大大小小的石头。

我们散开,各自寻找目标。

"石头缝隙里藏了三个,这么大!"儿子高举着栗子说。

"我这也有,藏在草丛里了。"侄说。

"唉,我怎么找不到呢?"侄女无奈地说。

"别在树底下,树底下一百人找过了。到离树枝远点地方,他们打栗子的时候会蹦得很远。"上学的外甥很有见地说。

我坐在一块石头上,看着孩子们愉悦地笑了。

我发现彤彤在四处游走。

我走到她跟前说:"彤彤,过来。我们从树根下,沿着同一方向,向前寻找,尤其是草棵子里。"

一会儿,她就惊喜地叫:"我也找到了一个!"

"呵呵,才一个呀,我这里好几个呢。"

"看我这么多了!"孩子们互相展示着自己的成果。

"妈妈,这儿基本让我们扫荡得差不多了,估计谁也不能再找到了,我们换个地方吧。"儿子建议。

"好,我们先休息会,一会去找山楂。"

边休息边聊天,大家一起分享劳动果实。

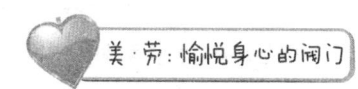

"老姨。"上学的外甥拿着蒺藜棱说:"您说这栗子真神奇,它的花毛茸茸的,像狗尾巴花的茎,很远就闻到花香,沁入心脾。可这外壳,嘿嘿。"

我看到,蒺藜棱已经绽开了口。里边露出深棕色栗子头,很像小鸡用嘴磕破蛋壳,露出黑豆般的眼睛。

"你不怕扎手?"儿子问他哥。

"没事的,不怕,我要好好地收好,带回去。"

休息会后我们开始了下一个目标。

二 捡山楂

或许是农民太忙了,山坡上的野山楂竟然没人要。这比栗子好找。

野山楂树都不是很高,一般也就两米,但是树的周边全是带针刺的灌木。山楂都已经熟透,或许是风的功劳,全部掉落到树下的草丛里。

我帮孩子们把荆棘去除,再让他们去捡。

"多可惜呀,农户不知道山楂的作用还是没时间呢?叶子都光了,都成干了。"边干边说。

我捡起一个轻轻用手一捏,里边的核就被挤出来,很多野山楂已经风干,咬不动了。

儿子捡起一粒山楂边看边说:"果实这么小,难怪农民叔叔不要!"

"的确不大,比豌豆大点。跟小弹球一样,还有细密皱纹。"侄子边塞进嘴里边说:"全是核没有肉。"

我边捡边说:"别看它小,作用大! 它消积散瘀,行结气,化血块,活血。它的核化食除积,有降压、降血脂作用。想你姥姥爱打嗝,喝点就管用。山楂还有保护心肌作用。"

外甥说:"我爸血压高,我给他带回去。"

"我奶奶吃也合适,整天吃降压药呢。"

我说:"真是好东西,我们不能浪费! 我们应该珍惜大自然奉献的礼物,咱们一个都不剩下。"

三　摘酸枣

回家的路旁,有很多红彤彤的酸枣。

儿子问:"这酸枣也能治病吗?"

"对呀,你姥爷在我小的时候就给我讲酸枣治病的故事。"

我边走边讲:

"话说很久很久的唐代,相国寺有位和尚,不知道名字了。"

"没关系继续讲。"孩子们说。

孩子爱听故事,不在乎我说得是否正确。我继续讲:

"患了癫狂症,狂呼奔走。病程半年,虽服了许多名医的汤药,均不见好转。他的哥哥与名医孙思邈是至交,恳请孙思邈设法治疗。孙详询病情,细察苔脉,然后说道:'令弟今夜睡着,明日醒来便愈。'兄长听罢,大喜过望。孙思邈吩咐:'先取些成食给小师父,待其口渴时再来叫我。'到了傍晚时分,和尚口渴欲饮,家人赶紧报知孙思邈。孙取出一包药粉,调入约半斤白酒中,让和尚服下。不多时,便昏昏入睡。孙再三嘱咐不要吵醒病人,待其自己醒来。直到次日半夜,醒后,神志已完全清楚,癫狂痊愈。

和尚家人重谢孙思邈,并问其治愈道理——酸枣仁入药!中医普遍认为酸枣仁的功用是养肝、宁心、安神、敛汗,可以治疗虚烦不眠、惊悸怔忡、自汗。"

"那我姥姥最合适了,咱们多摘些。"外甥说。

下面是儿子写的日记,摘录下来:

"今天我们去山上找栗子,在回来的路上,看到很多酸枣。妈妈给我们讲酸枣的故事,我知道了唐朝有位名医叫孙思邈。好家伙,他的一个方子值千两银子呢。听说酸枣能治很多病,我们摘了好几斤。

酸枣,远看像小白兔的眼睛,近看像一颗颗红宝石。我和哥哥们好几次手被划出血,我们都忍住疼。想到姥姥喝了酸枣泡的水,就可以睡安稳觉,我们什么都不怕。哥哥说带回家让我大姨也喝。

我们约定好,每年都来摘;晾干,让父母和姥姥他们用。妈妈说,要珍惜

大自然奉献给我们人类的果实,这些最养生呢。"

看到孩子的日记,宽慰之余,深感让孩子多亲近大自然,培养他们热爱自然,感受自然之美的能力刻不容缓。

熄火器

——控制情绪塑造良好的性格

我一直认为,人的性格是后天形成的,人的性格受情绪影响。负面情绪就不会形成乐观向上的性格。

在性格形成过程中,情感忽视和过度紧张都会阻碍孩子的生长发育。

世间万物有自己的潜能开发期,若不在合适的时间进行开发,就失去了最佳发展时期,孩子也是如此。

儿子上小学后,放学早。有时候,我还没下班,他就在楼下与伙伴们玩上了。按他的话说:"我在楼下等妈妈。"

有一次,他提出在楼下跟伙伴再玩会儿,让我先回家,我同意了。

一会儿,我在阳台的厨房里就听到两个孩子的争吵声。一个孩子骂另外一个孩子,另一个孩子似乎在讲道理。从声音我听出,讲道理的是我儿子。他的伙伴,那骂人的也真有一套,像机关枪一样,几分钟内不重复一句话。我害怕儿子的性子急,别上去扇他几个嘴巴。

我担心的没发生,却听到咚咚的脚步。伴随着门砰的一声被踢开,儿子气呼呼地拎着书包回来了。进屋后把书包扔在沙发上,咬着牙,叉着腰吼道:"气死我了!"

"以后,再骂你,你就扇他!"。

"嗯,到时候新账、旧账一起算。"孩子恶狠狠地说。

听完孩子这句话,我意识到自己犯了一个严重错误。

孩子正是性格形成时期,他时常对我说他们老师性情暴烈。男孩子性格暴烈将来解决问题就是暴力,这很可怕。

我走过来,拍着孩子的后背说:"嘿,不就骂你几句吗?看,你啥也没少!去关门!"

"不去!不想!"他转身,冲我大声吼。

"那你想做什么?"我看着面孔被气得变了形的儿子问道。

"我就想骂人!打人!"

没错,孩子需要把火气发泄出来。如果总憋闷在心里,将来再成一个"闷葫芦",会影响身体健康。

"玩具箱有个小皮球,你当是你伙伴,发泄一下吧!"

儿子果然拿出小皮球用脚踩,拿出水粉颜料涂抹。

好一阵忙乎后,坐在沙发上对我说:"妈妈我感觉好累!"

"不是很解气吗?怎么会累呢?"我说,"你看这只是皮球没有反抗能力,假如是个人,会怎样?你再看这皮球在你的攻击之下成了一件连收破烂的都不要的垃圾。要是人变成这样,就要付出血的代价了。"

"对呀,那我不动武了,我动嘴骂。很多同学爱骂人。"

想到这,我灵机一动说:"好呀,对着镜子,你骂吧。"

我家的客厅,沙发的背面是玻璃镜子,有二十来平方米。

他转过身,指着镜子开始骂。刚骂几句,他问我,"妈妈,我骂谁呢?对着镜子,那骂的不是我自己吗?"他从镜子里看到了自己。

"骂你自己有什么不行的?可以骂自己笨,还可以骂自己选错了小伙伴,还可以骂自己蠢。"我心想,骂自己是反思自己行为的一种形式,或许,他再大一点,就可以用这种形式反思自己了。

孩子说:"妈妈,我不想骂人。"

"可以呀,你把沙发当成你那个伙伴。你可以骂它,但不可以打它。"我想如果孩子捶打沙发很可能长大后,有火气就摔东西,那习惯可要不得。把

沙发当做发泄对象还有一个好处,就是从镜子里他可以看到自己狰狞的面部表情。那表情可不让人喜欢。

果然,儿子用手指着沙发,圆睁着眼骂:"XXX,你是小杂种,你是婊子养的。"刚骂一句,孩子用双手托着下颏转过身对我说:"妈妈,我真难看!"

"那表情的确不招人喜欢!"我点头对孩子说。

"大人都不喜欢爱骂人的孩子。"儿子嘀咕道。

"小杂种是什么意思?"我急中生智对他说:"就是XXX不是他爸的儿子,是他妈跟别的男人生的。"

"啊!"儿子很吃惊,"那是真的吗?"

"不是!那不是骂人的话吗!这话可不能乱说,如果要是较真的话,可以把骂人的人给送进监狱。因为那是诽谤、诋毁一个人的人格。"

"这么说,不能随便骂了?"

"当然!解决问题,靠骂人和厮打都不行,得靠大脑想招,制服他。"

这时候,儿子的火气没那么大了,态度也平和了许多。

他继续问:"那婊子养的是什么意思?"

我没办法跟他解释。于是对他说:"具体的我也不知道,反正跟小杂种差不多吧。"

"喔,XXX真没素质!我可不学了。"

"对,大家笑话的不是那些不会骂人的孩子,而是那些说脏话的孩子。"

"这么说,邻居不会说我无能了,会说我很有素质了?"

"那当然!"

儿子快乐起来,我边说边拉起他的手:"走,跟妈妈包饺子去。"

霎时,儿子像一支快乐的小鸟,围在我身边叽叽喳喳说着学校发生的事情。

儿子上初三那年,XXX(就是孩子的那个小伙伴)的母亲对我说:"你说,我们孩子多可恨,上英语课,跟他同学对骂,而且写在本上。今天,他们老师竟然给我一大本全是他跟同学上课彼此对骂的内容。那些话,没一句能让人说出口的。你说怎么管?"

我只能摇头表述惋惜。

孩子在形成性格的关键阶段,作为家长的我们应该发挥熄火器的作用。

礼物

——成长的环境是有生命的

6岁的儿子聪明、顽皮!即使睡觉也能旋转180度。更别提静下来看会儿书。上小学后孩子的班主任告诉我:上课小动作多、没用的话多、老师留的作业马虎多。写完字连他自己都不清楚念什么。看着一脸稚气天真无邪的孩子,一种担忧袭上我的心头。我暗想在批评中长大的孩子怎能有自信?没自信的孩子怎么能成人才?想到此我决定从培养孩子学会观察入手。用什么方式来培养呢?我思考着。

那年的春节到了。我想了很久,应送给他什么礼物。最后选择了一本科普读物——《无土栽培西红柿》。说是书,只有不到100多字的说明文字。

准确地说是一个长不到一尺,宽不到10厘米的塑料盒子,里面有三粒西红柿种子,还有一块5厘米立体的海绵纤维,就是所谓有机生态型无土栽培基质。使用基质,不用传统的营养液灌溉植物根系,使用有机固态肥并直接用清水灌溉作物。每天主要的工作就是浇水。

我拿着礼物对儿子说:"我们自己可以种西红柿,吃自家生产的西红柿了!"儿子听到很兴奋。在儿子强烈要求下我们把三粒种子放进了固体基质里,放在有暖气的卧室旁。我告诉他:给它浇水,记录它的变化。我强调必修按说明书浇水,水少了会干死,水多会涝死。从此,孩子每天放学回来都要对着它说话:"西红柿,你快出来,我给你喝水!"

10天后有两颗种子长出了嫩芽。我让儿子观察它的变化,并记录下来。西红柿慢慢长大,由一片叶子到三片。三个月过去了,长到了三尺高,出现了花蕾。有一天儿子对我说:"怎样才能把他们这样子保留下来?"我告诉他可以用笔画下来。他果然搬个小椅子对着西红柿秧画。开始是歪歪扭扭,逐渐画得形象。通过给西红柿画画他学会了观察,由原来的好动变得安静。并且很有耐心,作业错得也少了。我在想如果没有对优美、和谐与崇高的事物的欣赏,没有培养与自然美好的一体感、协调感与眷念之情怎能有如此的收获?

6个月过去了,在我和儿子精心照管下西红柿苗长到1.5米高,我们用竹竿作为支撑它的架子。儿子放学回来就去看西红柿,边浇水边跟它说话:"哥们,你长得可够快的,刚几个月就长这么高,要是我向你那样长还不把我家的楼房顶破!""你可真是好伺候,就给你水喝,你就这样长;要是给你点肉吃,你还不得一天就长两尺。"听着儿子与西红柿之间天真的对话,我心理美滋滋的。

花谢了,圆圆的小柿子由小米粒到乒乓球大再到儿子玩的小皮球那么大。颜色逐渐从浅绿到深绿,突然有一天浑身着上了红装。当儿子放学回来看到变红的果实时惊喜地说道:"妈妈快来看呀,它怎么满身都是红颜色?绿色怎么一点都没有?咱们买的西红柿不红就能吃了,而我们的全红了,我要吃!"耐不住儿子的央求给他摘了一个,咬了一口。吐了对我说:"酸死我了,这样红,还是不好吃!"我掰开一看,里面的籽很小,显然是没长熟。我告诉他不要着急,不该摘的时候千万不能摘,要尊重植物的成长规律。

7月,西红柿已经熟透,它的叶子已经枯黄,生命的终结已有先兆。儿子时常坐在小椅子上看着西红柿发呆。我理解儿子看到朝夕相处的西红柿叶子变黄时心情。体验到了大自然生命体的更迭。终于有一天问我,"西红柿会干枯吗?会死吗?"看着孩子忧伤的表情,我捧起他可爱的脸,告诉他:"会的!和人一样都有生老病死。"儿子问"要是不让它死怎么办?""孩子,那是不可能的!这是大自然的规律。因此我们珍爱植物就像珍爱自己一样。虽然西红柿的生命很短暂,但是它却把丰硕的果实奉献给我们。"他听完,小小年纪的他竟说了一番很深刻的话:"西红柿长大多不容易,就像父母对孩子的养育一样,对吗?""它是有生命的,我跟它说话的时候有时候它跟我点头那!我们应该爱护植物,轻易践踏植物是不道德的。"

送他礼物的本意是让他学会观察,不料取得了大丰收。

他开始关注自然。原来看到嫩绿的柳枝忍不住要折下一支拿着玩耍,现在看到小朋友摇动小树就会上去劝说。"嘿,嘿,小树哭了!"他的行为在告诉我在他幼小心灵里埋下了爱惜植物,珍惜生命的火种;在他幼小的心灵里播种下了尊重生命,保护自然资源,把人—生物和人—自然作为共同体而倾注怜惜与爱的情感。这不就是在我们所追求的人与自然融为一体的情感目标吗?一份节日礼物让他学会了观察,获得了宝贵的体验,更重要的是培养了一颗珍爱生命的心。正如柏拉图所说,"向往在风和日丽的地带一样,四周一切都对健康有利。天天耳濡目染于优美的作品,像从一种清幽境界吸收的一阵清风,来呼吸他们的好影响,使他们不知不觉地培养起美的爱好,并且培养起融美于心灵的习惯。"孩子的成长环境是有生命的。如果一个人的成长状态是僵化的、封闭的,那么将制约孩子成长。

传统说教是苍白的。

给儿子买这份礼物给了我适时教育他的机会。家长要适时创造这样的机会。

小厨师
——树立劳动美的意识

同事之间聊孩子的话题是常事。

这不今天我们聊的是如何让孩子干家务。

同事说:"自己的孩子很懒,什么也不做,还嫌弃自己做的饭不好吃,菜不香。每顿饭四菜一汤,鞍前马后地伺候着,孩子还不理解,心里真难受。"

我很幸运,因为我的孩子不存在这些问题。孩子从小学四年级就能帮我做家务。简单的蒸米饭,西红柿炒鸡蛋,拌黄瓜他都能做。更可贵的是他从不挑三拣四。砂锅熬萝卜,炸点辣椒,主食馒头他能吃得津津有味。同事都夸我怎么有这么一个好伺候的儿子。

他们觉得不可思议,现在的孩子根本就使唤不得,别说是进厨房。可我觉得非常正常。

培养孩子干家务的好习惯需要从他两岁开始,也就是说孩子是跟屁虫的时候。

根据孩子的生理发育特点:一岁半的时候,没有一个孩子不爱自己吃饭的!这时候为什么不让他自己去吃?家长要喂他,怕他弄脏,怕他弄得太乱。这样儿童自身的发展才会减少了,取代的是别人的意志,偏离了自身个性发展的轨道。失去了个性就失去了创造力。

孩子两周岁就按自己的想法处理饭菜和物品的摆放。孩子喜欢追在父母的身后做小帮手。而这时候很多家长觉得孩子纯属捣乱,就是小胡闹,因此拒绝让孩子参与进来。

一　小厨师

在孩子刚刚对厨房活计感兴趣的时候一定不要阻止他。

我的孩子从小我自己带他。我买菜他也跟我进菜市场,我进厨房他也跟我进厨房。我一一告诉他,这是切菜用的刀,是最危险的东西。切菜的时候要用心,不可走神,否则会伤到手。告诉他用完擦干净,摆放在固定盒子里。

专门给他准备了和我一样的小围裙,小菜刀(西餐用的刀子),买了一个很小的擀面杖。还给他买了很大一块橡皮泥。给他准备好小桌子,小椅子,告诉他注意事项。

我做饭的时候,如果吃萝卜,他就用橡皮泥捏成大萝卜,然后用小刀子切成细丝。总之,我做什么他就做什么。

一周后,他就腻了,非要用我做饭的材料来操作。

这时候,我就先让他把小手洗干净,再给他一块面,让他学揉面。我的想法很简单:只要没危险,不吵闹就可以。

可是孩子不那么想,他很专注地做每一步骤。

在劳动中,小孩子很能发明创造。他用那块面一会揉成圆球,一会揉成细长。小手一刻不停地做着动作,小嘴还嘟囔着:"糖葫芦,给妈妈的;金箍棒,打白骨精。"一会捏成小兔子,小鸡,小狗,小猫……那块面在他手里给鼓捣成了黑团。

看他的脸跟小花猫似的。那时,我心里就笑开了花。他的鼻子,脸上,头上全是面。感觉哪儿不舒服就用小手挠一下,于是那面就跑到了被挠的地方。裤子上,胳臂上都是面粉。虽然说浪费点粮食心疼,但看着他快乐,做母亲的也就乐。我摘韭菜,他也跟着学,但他不是很清楚该摘掉的是什么叶子,很可能把很嫩的叶子给扔掉。在愉悦的氛围中,儿子会问一些有趣的问题:

"小白兔爱吃萝卜和白菜,我们人吃了它会不会长出两只大大的耳朵呀?"这时候的我边享受儿子带给我的快乐边告诉他,动物与人的相同点和不同点,告诉他生长的知识。当他扫地扫得不干净的时候我对他说:"扫地把墙根都扫干净的时候就能成人了。"这样又会引发他的追问:"那要不干净呢?"我会告诉:"他变猴子,屁股后面长尾巴。"这些虽然是玩笑,但他都当真。于是他干活干得很好。随着年龄的增长他问的问题也会变。当他杀鱼的时候会问:"妈妈,您说鱼在水里也吸水中的氧气,陆地上也有氧气,为什么到岸上就会死?"再后来就是"我们是社会主义国家,是生产资料公有制,那些要饭的也有呀!他们可以动用哪些生产资料?"我突然意识到我已经当不了他的老师了。

等上一年级的时候,我就开始教他具体做饭步骤。这样,他慢慢就成为我做家务劳动的好帮手了。到四年级的时候他基本能独立做饭了。上高中后晚上自己回家做饭,非常省心。

大家都知道小孩子人来疯,我们要一定抓住家里来客人这个机会。孩子喜欢把自己的长项展示给客人。既然有这种想法,我们就要满足他,而不是刻意把他支走。我会安排给儿子一个具体的家务内容,比如拌凉菜,摆放桌椅等。这样一来他也与家长一起招待客人了。不至于来了客人就进房间躲起来。现在他是我家的小厨师!

让孩子进厨房,是培养孩子热爱劳动的好机会,在这过程中家长要有耐心。要多表扬,少吆喝,少埋怨,多引导他。让孩子自主自发地去做。